教育部哲学社会科学研究普及读物项目
Popularized Readers of Humanities and Social Science Sponsored by the Ministry of Education

全面建成小康社会中的农民问题

Peasant Issue in Building a Well-off Society in an All-round Way

吴敏先 等·著

江苏人民出版社
江苏凤凰美术出版社

著　者

吴敏先　张学凤　曹冬梅　陈　前

总　序

　　纵观党的历史，我党始终高度重视实践基础上的理论创新，坚持用理论创新成果武装全党，教育人民，引领前进方向，凝聚奋斗力量。七十多年前，著名的马克思主义哲学家艾思奇撰写的通俗著作《大众哲学》，引领一代又一代有志之士选择了正确的人生道路，影响了中国几代读者。

　　党的十八大以来，习近平总书记把握时代发展新要求，顺应人民群众新期待，提出了一系列新思想、新观点、新论断、新要求，这些推进理论创新的最新成果用朴实、生动的语言，以讲故事、举事例、摆事实的方式与人民同频共振、凝聚共识，增强了人民群众对中国特色社会主义理论体系的认同感和知晓度，凸显了当代中国马克思主义大众化、群众性的基本特征，成为新时期理论创新大众化的新典范。

　　高等学校学科齐全、人才密集、研究实力雄厚，是推进马克思主义中国化时代化大众化、普及传播党的理论创新成果的重要阵地。汇聚高校智慧，发挥高校优势，大力开展优秀成果普及推广，切实增强哲学社会科学话语权，是高校繁荣发展哲学社会科学的光荣任务、重大使命。

　　2012年，教育部启动实施了哲学社会科学研究普及读物项目。通过组织动员高校一流学者开展哲学社会科学优秀成果普及转化,撰写一批观点正确、品质高端、通俗易懂的科学理论和人文社科知识普及读物,积极推进马克思主义大众化,阐释宣传党的路线方针政策,推广普及哲学社会科学最新理论创新成果,让中国特色社会主义理论体系和党的路线方针政策,更好地为广大群众掌握和实践,转化为推进改革开放和现代化建设的强大精神力量。与一般意义的学术研究和科普类读物相比,教育部设立的普及读物更侧重对党最新理论的宣传阐释,更强调学术创新成果的转化普及,更凸显"大师写小书"的理念,努力产出一批弘扬中国道路、中国精神、中国力量的精品力作。

实现中华民族伟大复兴的中国梦必将伴随着哲学社会科学的繁荣兴盛。我们将以高度的使命感和责任感,坚持学术追求与社会责任相统一,坚持正确方向,紧跟时代步伐,顺应实践要求,不断加快高校哲学社会科学创新体系建设,为不断增强中国特色社会主义道路自信、理论自信、制度自信,推动社会主义文化大发展大繁荣作出更大贡献!

教育部社会科学司

2014 年 4 月 10 日

目　录

第一章　小康社会的今天和明天
——全面建成小康社会愿景展望

　　小康,作为中国古代的社会理想,被中国共产党人赋予其全新内涵,成为中国式现代化的新目标。2012年中共十八大提出,到2020年全面建成小康社会。这既是未来美好生活画卷的展示,也是对人民作出的庄严承诺。小康,已经不再是遥远的梦,而是触手可及的社会愿景。

一、小康——一个古老的社会理想

　　梦想是令人心动的旋律,是引人奋进的动力。在人类历史上,每个民族的古代和近代都曾产生过一些对未来社会的理想,"小康"是古代中国人的社会理想。"小康"一词始见于春秋时代中国最早的一部诗歌总集《诗经》的《大雅·民劳》篇中,"民亦劳止,汔可小康",意思是老百姓很劳苦,应该让他们休养生息,那就接近小康了。这里的小康是小安的意思,是最低水平的小康。《礼记·礼运》详细描述了小康的社会图景:"今大道既隐,天下为家,各亲其亲,各子其子。货力为己,大人世及以为礼,城郭沟池以为固,礼义以为纪,以正君臣,以笃父子,以睦兄弟,以和夫妇,以设制度,以立田里,以贤勇知,以功为己。故谋用是作,而兵由此起。禹、汤、文、武、成王、周公,由此其选也。此六君子者,未有不谨于礼者也。以著其义,以考其信,著有过,刑仁讲让,示民有常;如有不由此者,在势者去,众以为殃。是谓小康。"至此,小康社会的内涵和基本特征初步显现。小康作为一种仅次于"大同"的理想社会模式,指人民富裕安康的社会生活,从此人们把小康作为一种社会形态。这里,小康社会是相对于大同社会而言的社会理想,小康目标比大同社会具有更强的实践性和现实性。宋代洪迈《夷坚甲志·五郎君》"久困于穷,冀以小康"中,"小康"的词义已经发生转变,成了人们摆脱贫困、追求富裕的现实愿望。此后,小康成了中国人祖祖辈辈不灭的社会理想,凝聚了中国人对幸福生活的憧憬和企盼。

回首中国历史,两千多年来,为了追求这种美好的期待和梦想,无数仁人志士前仆后继、孜孜不倦、坚持不懈,广大百姓用辛勤的劳动构筑着小康的明天。从一代名相管仲,到以"爱民"、"平天下"为己任的唐太宗;从"先天下之忧而忧,后天下之乐而乐"的北宋政治家范仲淹,到清末促成戊戌变法的康有为、梁启超等,几千年来,多少帝王将相、英雄豪杰、志士仁人为实现理想社会殚精竭虑、奋发图强,其中的文韬武略、口诛笔伐、青灯黄卷,甚至刀光剑影,留下无数故事,也留下许多遗憾。从陈胜吴广大泽乡起义,到东汉末年黄巾大起义;从"闯王来了不纳粮"的李自成农民起义,到"薄赋税、均贫富"的太平天国运动……几千年来,为了实现平等、公正、富裕、美满的理想社会,怀揣梦想的一代代炎黄子孙的先驱付出了艰辛而沉痛的代价,这也使中国人卓然立足于世,小康理想历经千年而不衰。

近代以来的中国,内忧外患、积贫积弱,天灾人祸使得百姓流离失所,炎黄子孙的小康梦虚幻飘渺,亦真亦幻。当欧风美雨裹挟着坚船利炮呼啸东来时,中国不仅没有,也不可能实现社会理想,反而离这一梦想渐行渐远。但是,中国人的美好社会理想并未断绝,实现小康理想的奋斗又在中国大地复苏起步。

二、中国共产党的"小康"梦

在中国共产党领导下,中国人民经过坚苦卓绝的努力,付出了沉重的代价,从根本上改变了自身的命运,开启了中华民族实现"小康"梦的新征程。据统计,1949 年中国人均国民生产总值 27 美元,只有印度的一半。工业生产几乎为零,连火柴、钢钉都不能造,若按人均水平算,几乎落后于英国 200 年。粮食不够吃,经济秩序混乱。经历了国民经济恢复时期和过渡时期,生产力取得了较快发展。1978 年改革开放前夕,中国人均国民生产总值达到 260 美元,是新中国成立初期 9.6 倍。然而,中国人的温饱问题依然没有解决。"生活宽裕、安然度日",仍然是人民的期盼和理想。

(一) 小康——中国式现代化

1954 年,第一届全国人民代表大会第一次会议首次明确提出,到 20 世纪末建立起强大的现代化工业、现代化农业、现代化交通运输业和现代化国防(即"四个现代化")的目标,揭开了中国梦想的大幕,激励了几代人努力奋斗。

1979 年前后,邓小平先后访问日本、美国,亲眼目睹了发达国家的现代化水平,促使他对中国共产党提出的 20 世纪末实现四个现代化目标进行慎重的重新认识。

1979 年 3 月 21 日,邓小平会见英中文化协会执委会代表团时,第一次提出"中国式的四个现代化"。他说,我们定的目标是在本世纪末实现四个现代化,但是我们的概念和西方不同,叫做"中国式的四个现代化"。至于为什么提这个新名词,邓小平后来解释说:"我们开了大口,本世纪末实现四个现代化。后来改了口,叫中国式现代化,就是把标准放低一点。特别是国民生产总值,按人口平均来说不会很高。"①

1979 年 12 月 6 日,邓小平在会见日本首相大平正芳时,第一次用"小康"来描述"中国式的现代化"。他说:"我们要实现的四个现代化,是中国式的四个现代化。我们的四个现代化的概念,不是像你们那样的现代化的概念,而是'小康之家'。到本世纪末,中国的四个现代化即使达到了某种目标,我们的国民生产总值人均水平也还是很低的。要达到第三世界中比较富裕一点的国家的水平,比如国民生产总值人均一千美元,也还得付出很大的努力。就算达到那样的水平,同西方来比,也还是落后的。所以,我只能说,中国到那时也还是一个小康状态。"②"有人担心,如果中国那时候稍微富一点了,会不会在国际的竞争中起很大的作用? 既然中国只

---

① 《邓小平文选》第二卷,人民出版社 1994 年版,第 194 页。
② 《邓小平文选》第二卷,人民出版社 1994 年版,第 237 页。

是一个小康的国家,就不会发生这样的问题。"①这里邓小平用"小康之家"区分了中日现代化的不同程度,用"小康状态"描述中国人均国民生产总值较低的水平,用"小康的国家"明确中国不称霸。

1984年6月邓小平会见第二次中日民间人士会议代表团时进一步阐述了小康的目标,所谓小康就是人均国民生产总值达到八百美元,国民生产总值可以达到一万亿美元,对中国来说是雄心壮志。按照社会主义的分配原则,全国人民可以普遍过上小康生活。邓小平关于小康社会的阐述,使古老的"小康"焕发了青春,增添了新的时代内容。由此可见,"小康"这一概念脱胎于中国式现代化的新目标,发端于世纪末实现现代化的理性思考。

邓小平在创造性地提出小康目标以后,为了把全国人民的奋斗目标落到实处,从中国社会主义初级阶段的特殊国情出发,对于如何实现中国的现代化开始了认真的思考和艰辛探索,逐渐清晰地描绘了中国社会主义现代化的规划蓝图。邓小平指出,中国式的现代化必须从中国的特点出发,一是底子薄,二是人口多、耕地少。这两个特点决定了中国的现代化建设起点是很低的,所以实现现代化的时间就会较长,任务艰巨,中国只能在低起点的基础上分阶段、有步骤地去实现现代化。

邓小平在领导中国现代化进程中,深感中国的现代化需要一个目标措施得当,步骤清晰的中长期经济发展战略,否

---

① 《邓小平文选》第二卷,人民出版社1994年版,第238页。

则中国的现代化建设前景迷茫、方向混乱,人民群众的干劲不容易集中。中国应该实行什么样的经济发展战略,什么样的经济发展战略能够保证小康进而现代化的目标成功实现呢? 这是改革开放前后邓小平思考最多的问题之一。1987年党的十三大从社会主义初级阶段的实际出发,结合邓小平反复思考后得出的发展战略结论,完整阐述了中国实现现代化的三步走发展战略,即第一步到本世纪(指 20 世纪)八十年代末,实现国民生产总值比 1980 年翻一番,解决人民的温饱问题;第二步到本世纪(指 20 世纪)末,使国民生产总值再增长一倍,人民生活达到小康水平;第三步到下个世纪(指 21世纪)中叶,人均国民生产总值达到中等发达国家水平,人民生活比较富裕,基本实现现代化。"三步走"发展战略是一个切合实际的目标,既不是"十五年超英赶美",也不是"到本世纪末实现四个现代化";它着眼于提高人民物质文化生活水平,"温饱"、"小康"、"富裕",人们更生动、直观地体会到实现这个目标的过程同自己息息相关,符合社会主义的本质要求;它明确、具体,将目标定量化为"1000 美元"、"4000 美元"等,便于衡量和操作。"三步走"战略基于对中国国情和实际的准确把握,正确估计了我们的发展能力,具有指导性和前瞻性,成为新时期党和政府及全国各族人民奋斗的总目标,脚踏实地,清晰可行。

(二) 全面建设小康社会

1997 年,中国国民生产总值翻两番的目标提前实现,中国有望在 20 世纪末进入小康社会。针对这种新情况,党的十五大不失时机地提出了"建设小康社会"的历史任务,这是党的中央文件中第一次正式提出"建设小康社会"的战略目标。也就是说,在实现了邓小平提出的建立小康社会的奋斗目标之后,又有了新的明确的奋斗目标——建设小康社会。从1991年提出小康水平的量化标准,到提出"建设小康社会",是认识的深化、理论的发展、目标的提高,更是追求的升级。中共十五大把"三步走"战略的第三步进一步具体化,提出了三个阶段性目标:21世纪第一个10年,实现国民生产总值比2000年翻一番,使人民的小康生活更加富裕,形成比较完善的社会主义市场经济体制;再经过10年的努力,到建党100周年时,使国民经济更加发展,各项制度更加完善;到21世纪中叶新中国成立100周年时,基本实现现代化,建成富强民主文明的社会主义国家。

　　世纪之交的第一年,在实现现代化建设第二步战略目标已成定局的情况下,党的十五届五中全会指出,从新世纪开始,我国将进入全面建设小康社会,加快推进现代化的新的发展阶段。2002年党的十六大,将中国的现代化建设成就概括为达到总体小康水平,也就是说,刚刚跨过小康的门槛。因为在一些落后农村,尤其是偏远地区的农村,还有不少挣扎在贫困线上的农民。这样的小康是低水平的小康,是小康社会的初级阶段。同时,十六大面向未来提出了"全面小康"的新目标,全面小康将使人民生活更加殷实、富裕。全面小康与总体小康相比,水平更高、内容更广、惠及全民。

　　党的十六大报告将全面建设小康社会描述为:经济更加发展、民主更加健全、科教更加进步、文化更加繁荣、社会更加和谐、人民生活更加殷实,尤其是将可持续发展能力的要求包含其中,体现出一种新的发展观。全面建设小康社会作为新世纪前二十年的奋斗目标,清晰规划了未来发展的蓝图,也是开创未来的号角。

(三)全面建成小康社会

2007 年,党的十七大根据中国经济社会发展的要求,第一次提出"全面建成小康社会"的概念,提出"实现人均国内生产总值到 2020 年比 2000 年翻两番"的指标任务。到 2020 年实现全面建成小康社会,对小康社会提出了更高的要求:增强发展协调性、扩大社会主义民主、加快文化建设、加快发展社会事业、建设生态文明。

2012 年,在我国进入全面建成小康社会决定性阶段之际,中共十八大明确把"全面建成小康社会"作为大会主题,根据中国经济发展实际提出了新的要求,小康社会这个美好的社会理想又有了新的诠释。提出第一个一百年奋斗目标是到 2020 年全面建成小康社会,实现国内生产总值和城乡居民人均收入比 2010 年两个翻一番。

"建成"语义上为完成时,指的是特定阶段的结束和既定目标的实现。从"全面建设"到"全面建成",一字之差彰显的是党对小康社会必将建成的决心和庄严的承诺,传递出的是一种必胜的信心,同时也是巨大的挑战,对党的各项工作提出了更高的要求。随着党的十八大胜利闭幕,我国吹响了迈向全面建成小康社会的号角,开启了实现中华民族伟大复兴中国梦的关键一步。

三、全面建成小康社会的理想图景

站在历史的峰峦上，中国共产党更清晰地洞察时代风云，更准确地把握前进方向，深化了对全面小康的认识。2016 年中国进入实现全面建成小康社会的决胜阶段，迎来了向第一个百年目标冲刺的历史时刻，也是十三五规划纲要实施的开局之年，中国共产党以全局视野和战略眼光，立足中国实际、总结中国经验、针对发展难题、坚定中国自信，对国民经济和社会发展作出顶层设计和战略安排，从 7 个方面的目标要求描绘了全面建成小康社会的理想图景。

经济保持中高速增长。二十世纪九十年代以来，随着社会主义市场经济体制改革的深入，中国经济增长率每年都在 8％以上，这成为人们记忆中中国经济发展的常态。然而，进入新世纪，中国的经济增长速度有所变化，7.65％、7.67％、7.4％，分别为 2012—2014 年中国国内生产总值增长速度。2015 年中国国内生产总值增速为 6.9％，这是自 1990 年以来 GDP 增速首次破 7，创 25 年来新低，中国经济进入新常态。新常态就是常态，指的是符合经济发展规律的经济发展态势。如果中国经济长期保持超常速增长，实际就违背了经济发展的规律，弊大于利。长期超高速发展会使中国错过结构调整的机会，错过自主创新的机会，会给资源环境带来极大的压力，会导致某些部门的产能严重过剩。我国经济正在向形态更高级、分工更复杂、结构更合理的阶段转变，经济发展进入新常态，从高速增长向中高速增长转变。十三五规划指出在提高发展平衡性、包容性、可持续性的基础上,实现2020年国内生产总值和城乡居民收入比2010年翻一番。当然这种数量上的增长是建立在主要经济指标平衡协调、质量和效益提高的基础上的,是建立在产业结构不断优化升级上的,更是建立在新产业新业态不断成长的基础之上的。

创新驱动发展成效显著。经济新常态下经济发展的动力正从传统增长点转向新的增长点。十三五计划强调,在未来五年里深入实施创新驱动发展战略,促进创业创新蓬勃发展,全要素生产率明显提高。促进科技和经济深度融合,提高创新要素配置效率,重点领域和关键环节核心技术取得重大突破。在2020年全面建成小康社会目标实现之时,中国迈进创新型国家和人才强国行列。

发展协调性明显增强。未来五年,加大消费对经济增长的贡献,提升投资效率和企业效率;户籍人口城镇化率加快提高,明显改善城镇化质量;基本形成区域协调发展新格局,优化发展空间布局;提高对外开放深度和广度,增强全球范围内资源配置的能力,优化进出口结构,达到国际收支基本平衡。

人民生活水平和生活质量普遍提高。全心全意为人民服务是中国共产党的执政宗旨,其干革命、搞建设、抓改革所有活动都是为了让人民过上幸福生活。人民有没有真正得到实惠,人民生活是否真正得到改善是检验全面建成小康社会工作的重要标准。未来五年,中国更加重视民生发展,比如健全就业、教育、文化体育、社保、医疗、住房等公共服务体系,提高基本公共服务均等化水平。推进教育现代化发展,增加劳动年龄人口受教育年限。提高中等收入人口比重，实现比较充分的就业，缩小收入差距。十三五期间，在目前我国尚有 7017 万贫困人口的背景下，实现现行标准下农村贫困人口脱贫，所有贫困县摘帽，解决区域性整体性贫困问题。

国民素质和社会文明程度显著提高。全面小康贵在全面，不仅强调物质文明，也追求精神文明的改善。在全面建成小康社会的冲刺阶段，使中国梦和社会主义核心价值观更加深入人心，广泛弘扬爱国主义、集体主义和社会主义思想，形成更加浓厚的向上向善、诚信互助的社会风尚，不断增强人民的思想道德素质、科学文化素质、健康素质以及全社会的法治意识。基本建成公共文化服务体系，使文化产业成为支柱性产业，持续扩大中华文化的影响。

生态环境质量总体改善。良好的生态环境是最公平的公共产品，也是突出的民生问题，是全面建成小康社会的题中应有之义。"像保护眼睛一样保护生态环境，像对待生命一样对待环境"，习近平总书记用"眼睛"和"生命"来比喻生态环境的极端重要性。"十三五"期间国家大力提倡绿色生产和生活方式、提升环保低碳水平；大幅度提高能源资源开发利用率，有效控制能源和水资源消耗、建设用地以及碳排放总量，大幅度减少主要污染物排放；形成主体功能区布局和生态安全屏障。

各方面制度更加成熟更加定型。制度建设带有根本性、全局性、稳定性和长期性。十三五期间通过深化改革，推动国家治理体系和治理能力现代化建设取得重大进展，基本形成各领域基础性制度体系。继续健全人民民主，基本建成法

治政府,明显提高司法公信力。切实保障和维护人权,有效
保护产权。推动开放型经济新体制基本形成,中国特色现代
军事体系更加完善,党的建设制度化水平显著提高。

全面建成小康社会着眼于发展中国特色社会主义事业
总体布局,着力突破中国特色社会主义的发展瓶颈、补齐发
展短板,不断开拓发展的新境界。这些新的目标是中国共产
党对全国人民的庄严承诺,也是广大人民群众的殷切期盼。
蓝图已经绘就,路就在脚下。

四、正确认识全面建成小康社会

全面建成小康社会,是 21 世纪中国的第一个百年目标,
反映了人们对美好生活的向往,需要正确理解其科学内涵。

第一,全面小康不是平均主义,更不是同时同等程度的
小康。全面小康是惠及十几亿人口的小康,是进入"共同富
裕"阶段的小康。但是由于中国有长期的"不患寡而患不均"
的传统,很容易把全面小康误读为平均主义的小康。全面小
康不是一个样的小康,也不是所有人到 2020 年同时富裕、同
等程度的富裕,即"同一水平的小康";不意味着人人收入水
平都一样,如果这样就是平均主义。由于我国幅员辽阔,各
地发展差距较大,能源资源拥有量不同,发展基础快慢不同,
各个地区发展速度和潜力不同,未来五年不是所有地区的经
济增速都整齐划一。由于每个人的能力和水平不同、个人努
力程度不一样、人自身的追求也千差万别,因此全面建成小
康社会之时,不意味着没有相对贫困的人口。任何一个社会

不论发展到什么程度，都存在着低收入群体。收入高低是相对而言的，没有低收入群体，也就不会有高收入群体。当然，全面小康社会即使有少量的贫困人口或处于温饱状态的人口，生活水平也需要大幅度提高。由于每个人对于幸福的理解不同，对小康社会有着不同的期待，可以预见全面建成小康社会之时，我们的状态应该是各美其美，美美与共。

应该指出的是全面建成小康社会之时，虽然我国生产力发生了翻天覆地的变化，但是当人民低层次的生活需求得到满足之后，必然产生更高层次的需求。我们发展的同时，发达国家也在发展，两者的差距仍会不小，因此中国社会的主要矛盾不会发生变化，人民日益增长的物质文化需要同落后的社会生产之间的矛盾将长期存在。全面建成小康社会也不会改变我国的基本国情。即使到了2020年我国国内生产总值翻一番，但仍然低于世界平均水平，我国作为世界上最大的发展中国家的地位不会改变。这就决定了我们的根本任务就是始终坚持以经济建设为中心不动摇，集中力量发展生产力，牢牢把握发展是解决中国所有问题的关键。

第二，全面小康是中国共产党的奋斗目标，更是人民的殷切期盼。人民对美好生活的向往，就是中国共产党的奋斗目标。中国人民热爱生活，期盼有"更好的教育、更稳定的工作、更满意的收入、更可靠的社会保障、更高水平的医疗卫生服务、更舒适的居住条件、更优美的环境"，"让每个孩子都能成为有用之才"，"孩子们能成长得更好、工作得更好、生活得更好"。中共中央总书记习近平用朴实的语言，道出了人民心中的梦想，这个梦想是中华儿女对民族复兴的美好憧憬，是全面小康社会的群众表达，也是全面小康社会宏伟蓝图的生动展现。全面建成小康社会是中国共产党的奋斗目标，更是人民的殷切期盼。两者的一致性决定了只有中国共产党才具有如此强大的凝聚力和向心力，才能给群众带来看得见、摸得着，越来越多的物质福利和精神享受，让全国人民过上世代期盼的美好生活。今天的神州大地，全面小康奋斗目标与老百姓的千年梦想相互激荡成人民生活的幸福图景，凝聚成全中国的最大公约数，成为中国共产党带领全国各族人民共同奋斗的现实目标。

第三，人民群众的获得感是衡量全面小康的根本标准。世界上只有中国共产党将"全心全意为人民服务"作为自己的执政宗旨。无论是干革命、搞建设还是抓改革，都是为了让中国人民过上幸福的生活。2015年，习近平同党外人士座谈时指出，评价改革发展成功与否的最终判断标准是人民是不是共同享受到了改革发展成果。2016年2月，习近平进一步指出，把是否促进经济社会发展、是否给人民群众带来实实在在的获得感作为改革成效的评价标准。全面小康既要求数字达标，更要群众认可。全面建成小康社会就是要通过发展社会生产力，满足人民群众日益增长的物质文化需要，促进人的自由全面发展。能不能正确回应人民的期待，能不能给群众以看得见、摸得着的实惠，能不能实现好、维护好、发展好最广大人民的根本利益，决定了全面小康的成败，否则，全面小康就失去了意义，也不可能持续。

2015年，全国居民人均可支配收入从2010年的12520元增加到21966元，年均增长8.9%；全国居民收入基尼系数由 2010 年的 0.481 下降到 0.462;统一的城乡居民基本养老保险制度建立;全民医保体系基本建立。此外,老百姓生活得越来越有尊严,越来越接近梦想,这些都是群众切切实实的获得感。获得感既是全面小康的评价标准,也是改革的目的。党的十八届五中全会提出共享发展新理念,指出必须坚持发展为了人民、发展依靠人民、发展成果由人民共享,共享发展理念告诉我们人民群众的获得感是在改革、共建、共享中实现的。只有让群众的腰包一天天鼓起来,社会保障一天天好起来,满意度一天天高起来,让每个百姓充满自豪感、幸福感和归属感,才是真正的全面小康社会。

第四,全面小康需要"一起进步,共同担当"。人世间的一切幸福都需要靠辛勤的劳动来创造。要把一个拥有 13 亿人口的大国带入全面小康、带进现代化,决定了中国问题只能靠中国人的智慧解决,中国发展只能靠中国人的双手创造。人民是推动社会发展的根本力量,实现好、维护好、发展好最广大人民根本利益是全面建成小康社会的根本目的。没有耕耘,哪来收获? 每个人不仅是全面小康社会的受益者,更应该首先是全面小康社会的建设者。

决胜全面建成小康社会的伟大进军,每个中国人都应勇担重任。只有全党全国各族人民拧成一股绳,以必胜的信心、昂扬的斗志、扎实的努力投身历史进军,全面建成小康社会的目标才能如期实现。有多大担当才有多大事业,履行多大责任才会有多大成就,不能坐享其成而不担责,只想出彩不想出力。全面建成小康社会为每个人自由全面的发展提供了难得的历史机遇,在担责、出力、出彩中实现自尊、自立、自强，实现自我价值。

正如邓小平在 1993 年与其弟弟邓垦谈话时所预见的，发展起来以后的问题不比发展时少。如今全面建成小康社会的中国面临着种种难题：经济总量领先下的人均落后，资源环境约束下的发展转型，先富起来后的共富挑战，经济发展新常态下从规模速度到质量效率、创新能力与发展需求脱节等等。这些是经济发展新常态需要突破的发展瓶颈，改革进入了深水区。全面建成小康社会具有巨大的艰巨性、复杂性和挑战性，全体人民要增强机遇感、责任感、使命感，共同奋斗，千万不要掉以轻心。

全面建成小康社会为每一个人成就梦想搭建了一座舞台，每个人在这座舞台上都有人生出彩的机会，都有梦想成真的快乐。汇聚每个舞台上的精彩，凝聚 13 亿人口的中国力量，创造一个又一个奇迹，迎接一次又一次挑战。追梦的路上，全体中国人并肩前行、共享机遇、共迎挑战、包容差异，创造未来。

第二章 小康不小康,关键看老乡
——"老乡"不稳,天下难安;"老乡"不富,小康难全

全面建成小康社会,必须解决好"三农"问题。农村不稳定,整个政治局势就不稳定;农民没有摆脱贫困,中国就没有摆脱贫困;农业没有实现现代化,中国就没有真正实现现代化。全面建成小康社会,关键就是要看能否实现农业可持续发展、农村社会全面进步、农民生活改善宽裕。

一、历史中走来的"老乡"

中国共产党在探索中国革命和建设道路时,始终把国情作为首要依据,农民多而贫是中国国情的基本特征之一,也是中国最大的实际。

(一) 新民主主义革命的主力军

中国是一个农业大国,农民是我国革命、建设和改革的主体力量。鸦片战争后,半殖民地半封建社会的中国面临两大历史任务:一是求得民族独立和人民解放,二是实现国家富强和人民共同富裕。适应中华民族生存发展需要而成立的中国共产党,在领导中国人民完成这两大任务的伟大实践中,充分认识到了农民的重要性,作出了"谁赢得了农民,谁

就赢得了中国"的重要判断。由于中国农民产生于长期的封建社会中,在他们身上不能不体现出阶级的两重性,影响其主体性的发挥。其一,农民长期处于封建社会和半殖民地半封建社会的最底层,他们有革命的要求,是封建社会制度、封建生产方式和封建文化的受害者和反抗者,有其革命性的一面。其二,长期以来农民自给自足的小生产方式,决定了农民不是先进生产力和先进生产方式的代表者,缺乏政治远见,不能成为革命的领导阶级;农民缺少组织性和纪律性,比较散漫。中国共产党以工人阶级的博大胸怀,既重视、依靠农民,又教育、改造农民。通过中国共产党的领导,农民才真正认识到了自己的历史地位和历史使命,冲破封建牢笼,和工人阶级结成巩固的工农联盟,在解放之路上迅跑,出色完成了中国新民主主义革命主力军的使命。在农民千年奋斗历史中,也惟有中国共产党才使中国农民永远地站起来,开始堂堂正正做人,并大步迈向通向共同富裕的道路。

(二) 新中国工业化的坚实后盾

新中国成立后,中国共产党领导中国人民开始为了第二个历史任务而努力奋斗——实现国家富强和人民共同富裕。要从根本上改变中国贫穷落后的面貌,摆脱被动挨打的命运,必须把中国从一个落后的农业国变为一个先进的工业国,实现社会主义工业化。而新中国成立之初,我国的工业化基础几乎为零,一辆汽车、一架飞机、一辆坦克、一辆拖拉机都不能造。1953年正式提出的"一化三改"的过渡时期总路线,开始了改造农民的过程。因为新中国的社会主义工业化的资本原始积累不可能像西方资本主义国家那样靠侵略和掠夺。我们的积累从哪里来？只能从农业上来。农业合作化框架下的中国农民通过国家一系列制度安排，用自己的辛勤汗水为新中国的工业化建设默默地提供着商品粮和原料，为工业化开辟越来越广阔的市场，为工业化提供巨额的资金积累。据统计，从 1953 年到 1978 年，国家通过工农业产品"剪刀差"，从农业和农民中抽取了 9494.9 亿元资金。农民用自己的牺牲换来了改革开放前夕中国相对独立的技术、工业体系和比较完整的国民经济体系，这是改革开放后中国能够成功引入外资、走向世界的基本前提。然而，中国社会也形成了特有的城乡二元结构，农民日益被边缘化。新的、深刻的革命势在必行。

（三）农村改革的先锋

尽管中国农民缺乏理论素养，但在农村发展实践中却始终站在改革发展的前沿，表现出极大的首创精神。安徽省小岗村 18 户村民冒着生命危险签订的"生死契约"，向人民公社体制发起了冲击，拉开了中国农村改革的序幕。为了解决农村富余劳动力的问题，乡镇企业异军突起，农民创造了中央"完全没有预料到的最大收获"。浙江温州龙港镇农民自己集资建立了中国第一座农民城，小城镇逐渐成为推进国家发展一个大战略；河南林县"十万农民建筑大军出太行"，开始了农民在农业之外寻求就业渠道，促进了数以亿计的民工潮；广西宜山县三岔公社合寨村 85 户村民以无记名投票方式产生我国第一个村民委员会，实行村民自治，开启 9 亿农民活跃于中国政治舞台的新局面；诸城农民首创"公司＋农户"养鸡模式，推动了农业产业化快速发展；义乌农民建立的"中国小商品城"，实现了小商品和大市场的对接，完善了农村市场经济体系；广东南海农民首创"土地股份合作制"，掀起了农地使用权市场化改革……总之，"农村改革中的好多东西，都是基层创造出来的，我们把它拿来加工提高作为全国的指导"①。

农民用自己的创造性实践，撼动了不适应现代化发展要求的经济秩序和僵化体制，为农村改革提供了活水源头。尊重农民的首创精神，依靠群众推进改革事业，这既是农村改革的经验总结，也是做好农村工作必须遵守的基本准则。中国社会的发展历史证明，农村改革的真正动力来自农民，只有能够调动和发挥农民主体性、积极性的那些变革才是真正富有成果的；而离开农民主体，单纯依赖外部力量，如人民公社化运动和农业学大寨运动等，都不能持久。尽管今天的农村建设发展有着强有力而稳定的政治经济支持，但历史事实已经无数次证明，仅仅靠行政杠杆而离开"老乡"这一主体，根本无法撬动中国农村这块巨石。

二、小康的关键是"老乡"

迈入小康、共享小康是全体中国人民的共同向往。习近平总书记的"小康不小康，关键看老乡"，一语道出了全面建

①《邓小平文选》第三卷，人民出版社1993年版，第382页。

成小康社会与解决好"三农"问题的内在关系:全面建成小康社会基础在农业、难点在农村、关键在农民。党的领导人直白的表述,切中了全面建成小康社会的要害,抓住了全面小康的重点,找到了全面小康的着力点。

(一) 三农问题是全党工作的重中之重

作为农业大国,中国革命、建设和改革都把起点和重点放在农村。进入新世纪,中国共产党首次明确提出,把解决好农业、农村、农民问题作为全党工作的重中之重。这是具有重大现实意义和深远历史意义的重要论断,有利于全党全社会从全面建成小康社会和现代化建设全局的高度重视"三农"问题。"重中之重"的战略定位是中国共产党对中国国情的深刻把握,是对"三农"问题的科学定位。我国是农业人口占多数、城乡发展不平衡的发展中国家,农业基础薄弱的状况没有根本改变,全面建成小康社会最艰巨、最繁重的任务在农村,解决"三农"问题任重道远,必须贯穿于现代化建设的始终。

第一,全面建成小康社会基础在农业。古人云,"民以食为天"、"农为邦本"。上个世纪 70 年代美国国务卿基辛格曾预言:谁控制了粮食,谁就控制了所有人。人类社会的竞争,最终需回到维持人类基本生存的原点——农业。农业必须上升为国家战略、国家理念、国家意识层面,甚至关系到国家、民族的生死存亡,这绝非危言耸听。特别是对于中国这样一个人口大国来讲,解决好吃饭问题始终是治国理政的头等大事。中国人的饭碗任何时候都要牢牢端在自己手上,我们的饭碗应该主要装中国粮。新中国成立以来,党和国家始终把粮食问题作为治国理政的首要任务。早在毛泽东时代就确立了农业第一的思想。改革开放后逐渐实现了粮食基本自给,解决了中国人吃饭的问题,成功抵御和化解了各种社会风险,为探索中国特色社会主义道路提供了重要的基础,否则社会不可能稳定,一切建设也无从谈起。我国高度重视农业现代化建设,已经把实现农业现代化列入全面建成小康社会的重要目标。今天,在国际社会普遍担忧新一轮粮食危机,我国经济下行压力加大的情况下,中国粮食产量喜获"十二连增",中国人"手中有粮、心中不慌,丰衣足食、喜气洋洋",稳定了向好的经济基本面,极为难得,十分重要。

第二,全面建成小康社会难点在农村。曾几何时,中国农村在古老的诗词里被描绘成美丽纯净、生机盎然的景象:"明月松间照,清泉石上流""绿树村边合,青山郭外斜""溜渠行碧玉,畦稼卧黄云""乡村四月闲人少,才了蚕桑又插田",引得无数人心驰神往。然而,近年来,我国不少农村出现了令人心忧的现象:由于城镇化推进以及人口红利时代逐渐结束,我国农业劳动力老龄化趋势显现,一些地方农村呈现出空心化,乡村凋敝的趋势越来越突出。现在很多农村留守的多是妇女、儿童、老人,人们戏称为"386199"部队。由于大量农民进城务工甚至举家搬迁到城市,导致农村"以前到处种满了庄稼和蔬菜,现在到处都是荒地野草"。同时,不少农村的自然环境、居住环境也遭到了污染破坏,青山绿水不再,鸟兽鱼虾难觅。更令人心忧的是,在一些地方社会丑陋现象大量存在,社会风气每况愈下,赌博、封建迷信等违法犯罪事件时有发生。习近平总书记以警示的语言表达出他对农村现状的担忧和对农村建设的期望,"农村绝不能成为荒芜的农村、留守的农村、记忆中的故园",要让居民望得见山、看得见水、记得住乡愁。农村是中国最大的社区,农村建设事关全面建成小康社会的全局,农村建设上不去,农村的安定就会受阻。让农村远离荒芜和留守,努力使农村成为繁荣的、有人气的农村,安居乐业的美丽家园,是全面建成小康社会的题中应有之义。

第三,全面建成小康社会关键在农民。农民问题是"三农"问题的核心。发展现代农业、推动农村进步,核心是农民。只有占人口绝大多数的老乡过上小康生活,中国全面建成小康社会的目标才能实现。中国共产党全心全意为人民服务的宗旨决定了不能把为农民服务排除在外,没有农民的富裕就不可能实现共同富裕的目标,也不是社会主义;没有农业、农村的现代化和农民素质的不断提高,城乡差别、工农差别、体力劳动和脑力劳动的差别就无法解决;亏待农业、农村和农民,就谈不上维护社会的公平正义。小康不小康,关键看老乡,是对各级领导干部提出的要求,在全面建成小康社会征程中心系老乡、关注老乡,不能让老乡掉队;在全面建成小康社会的冲刺阶段以更大的力度、更实的措施,推动农村发展、加速农业转型、促进农民增收,携手老乡共同迈入全面小康。小康不小康,关键看老乡,更是党和政府对农民的殷切期待:老乡的小康既要靠党的领导、社会的帮扶,更要靠亿万农民发挥主人翁精神。广大农民群众不能只等小康、盼小康,要积极行动起来,多想增收致富的办法、多学增收致富的本领、多走增收致富的路子,切实承担起实现农村全面小康主体力量的重任。

"三农"不稳,天下难"安";"老乡"不富,小康难"全"。农业基础稳固,农村和谐稳定,农民安居乐业,全面建成小康社会的大局就有保障,全面建成小康社会的目标就能如期实现。

(二) 老乡离全面小康有多远

在解决"三农"问题、实现全面小康的思路和政策已经明确的情况下,找准"老乡"与全面小康的距离,做大做强做长老乡这块全面小康的短板是关键。老乡的全面小康不是一句空喊的口号,而是有实实在在的门槛。

2002年党的十六大提出全面建设小康社会的十大基本标准,其中涉及农村标准的有:人均国内生产总值超3000美元,农村居民家庭人均纯收入8000元人民币,恩格尔系数低于40%,城镇化率达到50%,居民家庭计算机普及率达到20%,大学入学率20%,等等。随着时代的发展,全面小康的标准也在提高。党的十八大提出了"国内生产总值和城乡居民人均收入比2010年翻一番"的新指标。这两个指标中,一个是经济总量指标,一个是人民生活指标,彰显出全面小康目标更加注重百姓生活幸福指数。按此计算,2020年农村居民纯人均收入要达到人民币11800元左右,人均GDP要达到9200美元以上,进入"一万美元"区间。国家统计局2016年1月公布的数据显示,2015年农村居民人均可支配收入已经达11422元人民币,扣除价格因素实际增长7.5%。

如果中国经济保持相对稳定的发展势头，十八大提出的目标完全有把握实现。

但问题是，即使小康的数据目标已经实现，还必须承认中国农村仍然存在先进和落后、开放与闭塞、幸福与煎熬的差别。林立的新房、畅达的公路、红火的工厂背后隐现空心化之忧、留守之困、污染之痛，激荡着"谁来种地"、"怎么种地"、"怎么增收"、"如何治污"的呼声。走进田边地头，你会发现很多农民还是传统农民，离有文化、懂技术、会经营的新型职业农民还有不小的差距，"靠天吃饭"的思想相对普遍；农业防御自然灾害和抵御市场风险的能力还显薄弱；因灾致贫、因病返贫不是个别现象，基层群众看病难、看病贵问题没有根本解决；农民收入增长速度和农民收入增长绝对值仍然和城市居民有较大的差距。问题更加复杂的是，补齐"老乡"这个全面小康的短板，不只是老乡增产、增收的经济问题，还包括社会保障、农村生态、乡风文明等新课题。也不只是"老乡"自身的问题，还面临着城乡统筹、利益协调等新的挑战。老乡通往全面小康的道路已经开辟，但任重而道远。

三、以新理念引领"老乡"新发展

理念是前进的导航仪，是发展的指挥棒，新的发展理念是为了解决发展中的难题。2015年10月党的十八届五中全会提出了创新、协调、绿色、开放、共享发展理念，这是对我国经济社会发展规律认识的深化，是全面建成小康社会新的指南。进入全面建成小康社会的冲刺阶段，乘势而上推进农业现代化,拉长"四化同步"的短腿、补齐农村这块全面小康的短板,最根本的是以新的发展理念引领"老乡"实现新的发展。

(一) 以创新发展激发"三农"活力

"抓创新就是抓发展,谋创新就是谋未来",创新是五大发展理念之首,是解决"三农"问题的根本动力。当年,小岗村18户村民按下的红手印,拉开了农村改革的序幕,开启了一个火热的年代。至今一些农村地区仍广泛流传着"一靠小平、二靠隆平"的说法,朴素的话语蕴涵了深刻的道理——改革创新是破解"三农"问题的金钥匙。从某种意义上说改革就是创新。坚持创新发展解决"三农"问题既是我国经济发展阶段性的必然要求,也符合当今世界的发展潮流。当前,我们已经进入增速变化、结构升级、动力转换为特征的经济发展新常态,农业主要依靠大规模的要素驱动的发展模式,动力不足、质量不高,不可持续。转变农业发展方式,坚持创新发展,才能实现农业由大到强。从世界经济发展的特征来看,创新日益成为综合国力竞争的焦点和重塑世界发展格局的主导力量。正如习近平总书记所说,只要牵住了科技创新这个牛鼻子,就能占领先机、赢得优势。这里的创新不仅局限于技术领域和经济学范畴,而是以科技为核心的理论创新、制度创新、文化创新等在内的全面创新。从"五位一体"到"四个全面",从"四化同步"到"五化协同",十八大以来中国共产党立足传统、依托现实、突破桎梏,不断推动"三农"理论和实践的改革创新。"十三五"时期,关键是让推动农村各项改革的措施落地生根，不断释放创新红利，让农民有更多的获得感。

（二）以协调发展补齐"三农"短板

协调发展着眼于全面，强调发展的平衡性、整体性和可持续性。十个指头弹钢琴，长短不一，但必须协调配合、统筹兼顾，才能奏出优美的乐章。然而发展不协调是我国当前发展的基本特征，"三农"问题是全面建成小康社会的短板。"三农"短板短在哪？直观看短在基础设施和公共服务上，"城市像欧洲，农村像非洲"的现象仍然存在。"三农"短板也短在环境和生态上。用占世界 10％的耕地养活了占世界 20％的人口，中国的资源环境付出了沉重的代价：农业资源长期透支，农业面源污染严重，农业生态环境承载力接近极限。"三农"短板还短在农产品质量和食品安全上。"镉大米"、"三聚氰胺奶粉"、"苏丹红鸭蛋"、"瘦肉精猪肉"……屡屡爆出的食品安全事件，让"以食为天"的百姓越来越"为食而忧"，百姓对"吃得好"、"吃得安全"的关切与日俱增。2016 年中央一号文件首次把提高农产品和食品质量安全水平提升到战略高度，并提出了严格的管理制度和政策措施，确保"舌尖上的安全"。协调发展是一个从不平衡到平衡的动态过程。坚持协调发展、补齐发展短板可以加强"三农"薄弱环节、增强"三农"发展后劲，确保如期实现全面建成小康社会的目标。

（三）以绿色发展转变"三农"传统发展方式

绿色发展是以承认生态环境容量和资源承载能力的有

限性为前提,强调经济和社会、资源、环境相互协调,经济活动的过程和结果要绿色化、生态化的新的发展模式,是对传统发展理念的批判性超越。长期以来中国农业发展方式以牺牲资源环境为代价,用绿水青山去换金山银山,在高增长的背后是土壤重金属超标、地下水位下降、"白色污染"等问题日益突出,资源和环境成为了全面小康的最大的"心头之患"。"我们既要绿水青山,也要金山银山。宁要绿水青山,不要金山银山,而且绿水青山就是金山银山。"①习近平总书记的话概括了绿水青山和金山银山的辩证关系。绿水青山是乡村最大的特色,也是农民最宝贵的天然财富,"盼环保"、"求生态"已经成为百姓追求的梦想;"注意乡土味道,保留乡村风貌,留得住青山绿水,记得住乡愁"是农村新的发展要求。只有大力发展绿色现代农业,推动农民生产生活方式绿色转型,农民才能从落后的生产方式中获得解放,农民才能体面、农业才有奔头。只有牢固树立"环境就是民生"、"美丽也是经济"、"蓝天也是幸福"的思想,坚持知行合一,才能开创社会主义新农村生态文明新时代,赢得农村永续发展的美好未来。

(四) 以开放发展扩展"三农"空间

开放出盛世,封闭必衰落。中国越发展,就越开放。逐渐进入深水区的涉农改革,有许多难啃的硬骨头和棘手问

---

① 《习近平总书记系列重要讲话读本》,学习出版社、人民出版社 2016 年版,第 230 页。

题,需要以高水平的开放推动高难度的改革,释放新的开放红利。从世界发展中汲取化解三农问题的智慧和推动三农事业发展的动力,也让中国的三农发展惠及世界。树立开放发展理念促进三农发展,要求中国在深度融入世界农业经济的同时,重构我国农业经济在世界中的结构地位。一是完善农业对外开放战略布局,巩固农产品出口传统优势,培育新的竞争优势。二是积极参与全球农业经济治理和农产品供给。这样既可以突出新兴大国的国际担当,又可以提高我国在全球农业经济治理中的地位和话语权。三是转变过去我国在全球经济治理体系特别是在农业经济治理中制度性话语权弱化的局面,主动搭建参与全球农业经济治理规则构建的渠道和平台,逐步确立我国在全球农业经济治理体系中平等对话与决策的地位,实现由"接轨"向"铺轨"的转变。以开放发展理念扩展"三农"发展空间,在中国发展与世界发展良性互动中为"三农"注入新动力,增添新活力,彰显了中国对外开放的自觉和未来中国农业经济发展的自信。

(五) 以共享发展增进老乡福祉

"不患寡而患不均"是中国农民乃至所有炎黄子孙对共享的初级理解。中国共产党立志带领全体中国人走共同富裕之路。改革开放后,中国经济社会发展世界瞩目,但从总体看,农民分享到的改革开放成果比城市居民少,城乡之间的收入差距、生活水平、社会保障、受教育状况等有较大差距。《共产党宣言》强调"每个人的自由发展是一切人的自由发展的条件"。追求公平与共享发展,不但是马克思主义理论的逻辑起点,也是中国现实而紧迫的要求。全面建成小康社会征途中,不能少了中国"老乡"的身影,不能忽视他们最基本的利益诉求。中国历史的无数事实已经证明,尊重并实现"老乡"合理合法的利益诉求,他们就能爆发出巨大的能量,以其无穷的智慧和力量,推动中国社会前进;反之,中国社会就会付出巨大代价。以共享发展增进"老乡"福祉,是"老乡"人人参与、人人尽力、人人享有的有机统一。"幸福不会从天而降,梦想不会自动成真",共享的成果需要广大农民继续发扬艰苦奋斗、吃苦耐劳精神,主动作为,提高素质,发家致富。全面建成小康社会重大战略机遇期,发展机会稍纵即逝,农民不仅要参与全面小康社会建设,还要尽自己最大的努力,凝心聚力、攻坚克难。在此基础上广大农民共享人生出彩、梦想成真的机会,共享和祖国、时代同成长、共进步的机会。

四、农村精准扶贫——全面小康最后一公里

全面建成小康社会关键在于补齐短板。农村是全面建成小康社会的短板,而农村最短的短板是脱贫。依据木桶定律,"短板"决定着木桶的盛水量。因此,农村贫困人口脱贫决定着全面建成小康的目标能否如期实现。国家统计局发布的《2015 年国民经济和社会发展统计公报》显示,截至2015 年底我国仍有农村贫困人口 5575 万。假如 2020 年农村还有大批农村贫困人口,全面小康的成色就会受到影响。

何为精准扶贫? 2013 年 11 月 3 日,习近平总书记在湘

西土家族苗族自治州十八洞村考察时首次作出"精准扶贫"指示，强调扶贫要实事求是，因地制宜。精准扶贫是相对于传统"手榴弹炸跳蚤"、"大水漫灌"式的粗放式扶贫而言的，是针对不同贫困地区环境、贫困农户状况，运用科学有效程序对贫困对象实施精准识别、精准帮扶、精准管理的治贫方式，百姓形象地称之为"点穴式"、"滴灌式"扶贫。精准扶贫是中国扶贫开发工作进入"啃硬骨头、攻坚拔寨"冲刺期，是对传统扶贫思想的升华，是带领广大贫困农民摆脱贫困、走向共同富裕的科学方法，也是全面建成小康社会的重要抓手。

为何要精准扶贫？古语说"盖天下之治乱，不在一姓之兴亡，而在万民之忧乐"，摆脱贫困，是治国安邦的大事。中国作为农村人口最多的发展中国家，农村地区受多种因素制约，农民对于贫困有着切肤之痛。新中国成立后，中国共产党带领人民向贫困宣战，走出了一条中国特色的扶贫开发道路，使亿万农村贫困人口成功脱贫。但是进入攻坚克难阶段的中国农村扶贫，"灌水式"、"输血式"传统扶贫模式等扶贫政策，难以确保广大农村贫困人口如期脱贫、杜绝返贫；以区域开发为重点的农村扶贫出现了效果有所下降，目标有所偏离的问题。消除贫困、改善民生，带领农民一起实现共同富裕是今天中国共产党对全国人民的庄严承诺。通过精准扶贫解决好"扶持谁"、"谁来扶"、"怎么扶"等关键问题，开启农村扶贫工作新篇章。

精准扶贫何以实现？一是贵在精准。2015年6月在贵州召开的部分省区主要领导会议，明确提出精准扶贫要做到六个精准:扶持对象要精准、项目安排要精准、资金使用要精准、措施到位要精准、因村派人(第一书记)要精准、脱贫成效要精准,精准扶贫的内涵进一步深化。二是选好策略和方法。在精准扶贫策略上落实好发展生产脱贫一批、易地搬迁脱贫一批、生态补偿脱贫一批、发展教育脱贫一批、社会保障兜底一批,即"五个一批"工程,做到分门别类、分层推进。在精准扶贫的具体方法上,要因地制宜、因户而异、因人而异,开展点对点的服务。贫困地区脱贫也要扬长避短。只要资源放对了地方就能成为财富,促进贫困地区的资源和外部资源有效对接,使绿水青山、冰天雪地也变成金山银山。通过走差异化的扶贫之路,充分挖掘贫困地区的优势资源,实现"弯道超车"。三是扶贫要扶志。无论农民贫穷的具体原因是什么,精神贫瘠都是主观上的首要根源。贫困农民缺乏脱贫致富的勇气,拿不出敢想敢干的决心和毅力,精准扶贫应该帮助贫困群众树立脱贫的信心,营造脱贫的良好环境,使其充分认识到自身优势,大声喊出"贫穷不是我们永远的标签",激发其"只要有信心、黄土变成金"的自信和干劲。四是精准扶贫合力为上。各级党委、政府要有效组织动员社会力量拉着贫困农民一起奔小康,要讲实效、出实招、办实事,切忌摆"盆景"、秀"政绩"。农村脱贫攻坚战已经打响,我们必须以"坐不住"的紧迫感、"慢不得"的责任感,紧紧围绕"到2020年要使现行标准下的农村贫困人口实现脱贫,贫困县全部摘帽"的目标,齐心协力、凝心聚力、合力实现。

第三章　生活得实惠，脑袋"富"起来

——物质、精神一个都不能少

　　全面小康，不仅仅是人们的物质生活要宽裕，而且精神生活也要丰富多彩。这就要求我们，在全面建成小康社会的过程中，一方面要保障好农民的物质利益，让农民的钱袋子鼓起来；另一方面也要关注农民的思想意识，让农民的脑袋"富"起来。

一、全面建成小康社会目的是人的发展

　　每个人自由全面的发展是马克思揭示的未来新社会的基本特征，也是马克思主义全部学说的最高价值体现。以马克思主义作为指导思想的中国共产党，始终以实现人的全面自由发展作为自己的神圣使命，在革命、建设和改革征程中以高度的政治责任感和智慧，为领导中国人民实现人的全面自由发展作出了艰苦卓绝的艰辛探索，为最广大人民群众谋解放、谋发展，开创了人类文明存在方式的新境界。

（一）农民自由全面发展是农村全面小康的根本目的

　　全面建成小康社会的伟大工程，只有关注到人的全面自由的发展，才具有根本性意义。它不仅以实现民族复兴、国

家富强、人民富裕为目标，还要以更高的价值作为基本追求——促进人自由全面发展。全面建成小康社会无疑是对实现中国人全面自由发展独特路径的探索与尝试，是对当代人类发展难题的中国式回应。

农民作为最庞大的社会群体，既应成为全面建成小康社会的主体力量，也应成为全面小康社会的最大受益者。2014年中央农村工作会议首次提出要建设"人的新农村"，深化了农村全面小康社会的认识。农村全面小康建设是以"人"为依归的建设，农民全面自由发展应包含于全面小康进程之中。农村全面小康建设不能只见"物"不见"人"。只有这样，新农村建设才能不失目的，全面小康社会建设的成果才能得到巩固和发展。

（二）物质和精神是全面小康的基本维度

第一，物质和精神是人的基本需求。人的任何改造自然和社会的活动，都是人的力量的外化，需要由人推动。因为这些活动都是由人的欲望发动、围绕人的基本需求展开的。从理论上说，人的需求和欲望是社会全面进步的内在力量，满足人不断发展变化的需求和欲望，并推动实现人的自由全面发展是人类社会发展的原动力，也是社会全面进步的基本条件，即马克思在《1844年经济学哲学手稿》中提出的"人类全部力量的全面发展成为目的本身"。

那么人的需求和欲望是什么呢？从根本上说，包含了物质和精神两个层面，这也是马克思主义哲学揭示的最基本的两个范畴。生产力是最活跃最革命的要素，是促进人的全面发展的最终决定力量。人的全面自由发展说到底是社会生产力发展的产物，生产力的发展创造日益丰富的生产、生活资料，使人们在摆脱贫困，满足基本生存需要的前提下追求享受和发展。历史已经证明，当人们的吃穿住行等基本生活需求得不到满足的时候，人们不可能获得自由全面发展，甚至不可能提出全面自由发展的目标。然而，物质层面的高度发展并不一定带来人的全面自由发展，如果失去正确的精神理念的引导，物质层面越发达可能带来的发展越畸形。

人之所以为"人"而和其他低级动物区别开来，就在于有一个丰富的精神境界、有精神追求。人活在这个世界上，既要活着，还要活得好；既要安全地活，还要幸福地活；既要活得有特色，还要活得有意义。要想活得好、活得幸福、活得有意义，必须具有丰富的精神世界。因为物质的世界只解决活着的问题，而精神世界可以解决活着的意义问题。精神产品让你感到自己的意义，充实扩大自己的内心，让人体会到幸福。所以今天全面建成小康社会应该从物质和精神两个基本层面来理解，并涵盖了经济、政治、文化、社会、生态等各个领域，是一个系统概念。

第二，全面小康是实现"人"的全面自由发展的基本条件。唯物史观认为，社会发展和人的发展具有一致性，即社会的发展进步实质是人们追求幸福、追求自由全面发展的结果。没有社会的发展，个人的全面自由发展就失去了基础和依托；整个社会的发展恰恰是建立在每个人自我发展和完善的基础之上的。人的全面发展与社会的发展是相互统一的历史过程，也是一个逐步实现的过程。全面建成小康社会是立足于初级阶段的基本国情,着眼于社会主义本质的根本要求,为实现每个人自由全面发展提出的阶段性发展目标。

无论是物质财富的创造,还是人对精神文化的追求,都是在社会实践中进行的,受到当时实践活动水平的制约。人创造物质财富和精神财富都是在既定的物质、精神成果的基础上进行的,受到原有物质文化的影响,又在更高的水平上超越这种影响,从而使人的本质不断接近人的全面自由发展的最高境界。全面建成小康社会实践为实现人的全面自由发展提供了广阔的空间和舞台,只有在这个舞台上,理想才能变成现实。

二、中国共产党对全面小康的探索——物质和精神一个都不能少

(一) 坚持"两手抓,两手都要硬"

马克思主义认为,社会主义社会作为一个追求全面发展的社会,不仅要创造高度的发达的社会物质财富,还要提高全民族的思想道德水准和科学文化素质。社会主义比资本主义优越的地方,在于它不仅能创造更高的劳动生产率,还能培养和塑造一代又一代有理想、有道德、有文化、守纪律的社会主义新人。"文革"结束以后,邓小平从我国生产力落后、人民生活困难的实际出发,作出了党的工作重心转移到经济建设上来,一心一意搞建设的重大决策,提出"贫穷不是社会主义"、"发展太慢也不是社会主义"的著名论断,并在1992年南方谈话中将"解放生产力、发展生产力"作为社会主义的本质特征之一。

针对改革开放后党内存在的"一手硬、一手软"的现象，邓小平指出，不加强精神文明，物质文明建设也要受破坏、走弯路。1986年，邓小平在中央政治局常委会上的讲话中强调："风气如果坏下去，经济搞成功又有什么意义？会在另一方面变质，反过来影响整个经济变质，发展下去会形成贪污、盗窃、贿赂横行的世界。"①1989年3月，邓小平反思十年改革开放的教训时提出，"我们最大的失误是在教育方面，思想政治工作薄弱了，教育发展不够"。②

中国共产党在改革开放的实践中首次提出建设社会主义精神文明的历史任务，并把精神文明建设列入社会主义现代化建设的战略目标，作为社会主义的本质特征之一，既明确了社会主义的根本任务是发展生产力，又注重提高人们的精神文化生活，在人的解放的意义上享有工业化、现代化带来的文明与幸福。邓小平"两手抓，两手都要硬"的论述是中国社会主义现代化建设的重大战略指导方针，是关系到全面建成小康社会的全局和命运的根本大计，也是摆在中国人面前的重大现实课题。

（二）全面小康——物质和精神缺一不可

第一，全面小康是物质和精神的统一。根据辩证唯物主义的观点，物质第一性，意识第二性。精神文明说到底是从物质文明来的，没有经济的发展就没有人的自由和创造。全

---

① 《邓小平文选》第三卷，人民出版社1993年版，第154页。
② 《邓小平文选》第三卷，人民出版社1993年版，第290页。

面建成小康社会必须大力发展生产力,满足人民群众日益增长的物质文化需求,使人民群众过上殷实的小康生活。但是全面小康社会建设如果仅仅局限于经济的现代化,而忽视精神文明的现代化,就会使社会主义现代化事业残缺不全,现代化的总体目标也难以实现。中国特色社会主义事业既要求生产力的快速发展,又要使人们的精神境界更加充实、文化生活更加丰富;既要求物质财富的增长,又要求实现社会公正,达到共同富裕,其总目标是富强、民主、文明、和谐的社会主义现代化国家。物质文明和精神文明特点有别,但有各自存在的价值,既不能相互代替,也不能硬分先后,只有两个文明都搞好,中国社会才会呈现全面进步的良性态势,才是中国特色的社会主义。党的十八大提出让人民享有健康丰富的精神文化生活,是全面建成小康社会的重要内容。两个文明一起抓是社会全面进步的客观需要,是社会主义的本质要求,也是中国共产党领导水平和成熟程度的重要标志。

第二,全面小康是物质和精神有所侧重的统一。全面小康既是物质和精神的统一,同时也有所侧重,不能离开经济建设这个中心去搞精神文明。正如邓小平所说,不重视物质利益,对少数先进分子可以,对广大群众不行,一段时间可以,长期不行。如果只讲牺牲精神,不讲物质利益,那是唯心论。然而,在过去相当长一段时间里,没有搞清楚社会主义的首要任务是解放和发展生产力,也没有把发展经济作为中心工作,一味强调变革生产关系和上层建筑去建设社会主义,最终导致国民经济几近崩溃。改革开放以后,党的工作重心转移到经济建设上来,搞活了经济、凝聚了人心。

全面建成小康社会，只有紧紧抓住经济建设这一中心不放松，加快深化改革的步伐，大力发展生产力，才能提高我国的综合国力、提高人民生活水平，为社会的全面进步奠定深厚的物质基础，才能真正站稳脚跟；反之，落后的经济状况必然要制约精神文明的发展。以经济建设为中心，就是要使一切工作，包括精神文明建设要服从和服务于这个中心，来推动经济建设的发展。在全面建成小康社会阶段，无论遇到什么情况，都不能动摇和影响经济建设这一中心，高度重视发展中的新情况、新问题、新矛盾，准确把握和主动适应经济发展新常态，确保经济稳定健康发展。时刻牢记党的基本路线是"要管一百年，动摇不得"的大政方针，更是全党和全国人民的共识。

准确把握社会主义物质文明和精神文明的关系，既不能离开经济建设这个中心去搞精神文明，也不能以牺牲精神文明为代价换取经济的一时发展。否则就会破坏全面小康社会和中国特色社会主义事业的大局。

三、农民对全面小康的期盼——既要富口袋，也要富脑袋

（一）富口袋是农民的首要期盼

利益是人类生存、发展需要的总和，人们的奋斗所争取的一切，都同他们的利益密切相关，"思想"一旦离开"利益"就会出丑。新民主主义革命时期，具有深厚小农生产自给自足习惯、私有观念根深蒂固的中国农民，之所以能够接受共

产党的领导,根本原因在于在革命实践中,他们充分体会到
"跟着共产党有土地,跟着红军有饭吃"的道理。新中国成立
后,土地改革的基本完成使农民从翻身分地的体验中进一步
认清了党的性质,更加自觉地拥护中国共产党的领导,增强
了农民对新生政权的认同。农业社会主义改造过程中,要动
摇农民对土地、耕畜的私有观念和单家独户的经营习惯,曾
引起农民的抵触。党中央用增产的事实证明合作社的优越
性,国家积极采取多种措施给农民以物质利益或减轻农民负
担,让农民从切身体会中认识社会主义的优越性和加入合作
社的好处。改革开放后,中央连续十三年出台一系列含金量
高的一号文件,给农民切切实实的实惠。改革开放之所以得
到农民的真心拥护,归根到底要靠农村的经济发展,靠给予
农民实际的物质利益,使农民感受到社会的温暖和建设社会
主义新农村的实惠。只有符合农民利益的全面小康社会建
设,农民才能真心拥护,才能把党在农村的路线、方针、政策
变成自觉的追求和行动。

进入新世纪,农业生产快速发展、农村小康加速推进,农
民开始有了更多梦想,但农民首要的梦想仍然是钱包鼓起
来。目前我国农业生产力、农村的基础设施以及农民的发展
能力仍然落后,农民的物质利益和各项权利需要得到切实保
障,"富口袋"仍然是初级阶段的中国面临的最大课题,决定
了农民的幸福指数。

(二) 富了口袋,还要富脑袋

"仓廪实而知礼节,衣食足而知荣辱",腰包鼓起来的中

国农民,精神文明之花也开始在心头绽放。随着社会主义新农村建设和全面建成小康社会进程的推进,广大农民求新、求知、求美、求健康的需要更加强烈,这为农民精神文化的建设提供了广阔的空间,也提出了更高的要求。改革开放以来农民的精神面貌发生了根本性的变化,他们自立自强、意气风发、思想解放、观念更新、凝聚力和创造力空前高涨。但也应该看到,改革开放以后有些农民经济上富裕了,却出现了理想信念缺失,精神动力不足,乃至良心道德丧失,甚至出现了和现代经济、科技发展不协调的造假伪劣、坑蒙拐骗等不文明行为。他们在追求物质利益的同时,忘却了人的精神诉求和本质所在,造成农村社会和农民持续发展的巨大障碍。长此下去,正如有学者所担忧的,有朝一日,大多数农民虽然衣食无虞,但是乡村社会人际关系离散,人情淡漠,公共事务废弛,垃圾遍地,污水漫坪。

农民作为最庞大的社会群体,担负起全面建成小康社会、实现中华民族伟大复兴的历史重任责无旁贷。他们的健康成长决定着他们在全面建成小康社会实践中的作为,在很大程度上影响着全面建成小康社会的进程。富了口袋,更要富脑袋;戒了穷脑袋,才能富口袋,是农民的现实呼声,也是全面建成小康社会目标如期实现的根本保证。富脑袋是开启农民致富之门的钥匙,也是催生文明之花的甘露。以经济建设为中心已经形成广泛共识,但是精神文明建设、意识形态工作的重要性远远没有形成共识,在这个意义上,当前农民富脑袋比富口袋更加凸显,任务更加繁重。

（三）三大挑战考验农民精神文明建设

第一，社会主义市场经济的建立和发展。**市场经济是一种竞争经济，遵循等价交换原则**，有利于冲击农民的封建宗法观念、贵贱尊卑意识，激发农民的拼搏进取精神；作为一种法制经济，有利于强化农民的法制观念、规则观念；其遵循优胜劣汰法则，可以激励农民发挥主动性、积极性和创造性。但市场经济不是万能的，有其自身的弱点和消极方面，特别是我国的社会主义市场经济体制的建立的时间比较短，有很多不完善、不健全的地方，导致了经济生活中市场的消极作用无限膨胀。甚至一向被认定为老实巴交的中国农民，也出现了见利忘义、见钱眼开、惟利是图、损人利己的行为现象。金钱本身没有罪恶，但如何获得金钱，用金钱做了什么，会产生高尚和卑鄙、正确和错误的区分。**市场经济发展了**，所有人都知道钱是好东西，却忘记了老祖宗在金钱上正确的价值观——"君子爱财，取之有道"。与社会主义格格不入的种种问题和现象的产生，是时代向我们提出的新要求，也说明在发展社会主义市场经济的过程中抓好精神文明建设的重要性。

第二，互联网的兴起。农村信息资源匮乏是全面建成小康社会的发展瓶颈，也是缩小城乡差距的障碍。农村互联网的兴起为农村开启了一个全新的信息时代，据统计，截至2015年底，我国农村网民规模达1.95亿，占网民比重的28.4％。互联网的兴起，从娱乐沟通、信息查询，到农产品商务交易，以及教育、医疗等公共服务，塑造了全新的农村社会生态，潜移默化地改变着农村网民的日常生活。同时，互联网的出现和发展对农民的思想观念也提出了严峻的挑战。一方面，互联网信息海量、更新速度快，对于文化知识相对欠缺的农民来说怎么去鉴别信息真伪、从海量信息中选取需要的信息比较困难；另一方面，互联网是自媒体和虚拟空间，在这个人人都有"麦克风"的时代，每个人都可以自由宣传自己的思想观念，传播自己想传播的信息；虚拟空间、隐蔽性是互联网的重要特点，网络大V的影响力更大。这不仅对我们的社会结构和管理提出的挑战，更重要的是对农村先进文化的培育、正确思想观念的宣传、农民精神的重塑提出了严峻挑战。

第三，全球化。在全球化的境遇下，我国农村文化正日益被纳入世界文化体系之中，农村文化的格局日益多元、多样。先进文化和落后文化，传统文化和现代文化，本土文化和域外文化，雅文化与俗文化在农村交汇、交融甚至交锋并存，形成了当前农村文化多样并存的文化景观。全球化进程中如何在多样文化中形成文化共识，在多元文化中实现一元引领是当务之急。农民新旧思想不可避免相互碰撞，造成农村传统文化结构松动，甚至农民的精神家园失落。当今的文化转型和全球化给农村文化建设带来了复杂的机遇和挑战，在多元文化中寻求先进文化的主导地位，在平等发展中达成农民的思想共识，使以马克思主义为指导的农村先进文化得以实现，最大限度的推动农村文化的繁荣，为农民构建安身立命的精神家园。

在困难和挑战面前，要看到我们的优势、潜力和机遇，把挑战化作动力，把机遇化作现实，使潜力充分释放，用先进文化引领农村发展、塑造新型农民，使农村全面小康在攻坚克难中跨入新境界、展示新景象。

四、发挥政治优势，培育农民精神

（一）农民思想政治教育是"两个文明"建设的中心环节

第一，农民思想政治教育是中国共产党的优良传统和独特优势。中国农民在中国共产党长期的教育、引导和影响下，其思想观念、政治倾向、文化素质、思维方式、价值观念等方面有了历史性进步。但是由于长期受小农意识和小生产习惯影响，其自身的弱点并没有从根本上克服，其动力和惰力的两重性以及在全面建成小康社会中的双重身份决定了中国共产党既要相信、依靠农民，又要教育、提高农民。无论革命还是建设时期，中国共产党都是通过政策和策略来解决农民问题，通过大量卓有成效的思想政治教育工作来落实的。农民思想政治教育是全面建成小康社会的前导性工作，对农民的思想和行为有着重要的引导作用。农民思想政治教育是传达涉农政策的重要途径，其肩负着向农民传达、解释全面小康战略目的、意义、战略步骤、具体措施等内容的任务，这是中国共产党的惯例。农民思想政治教育为农村全面小康建设提供强大的精神动力和思想保证，通过教育农民破除固有的保守型和传统观念的束缚，农民才能深刻认识全面小康的重大意义和目标要求，才能统一思想、增强信心、激发干劲、凝聚力量，使广大农民群众主动参与到全面小康社会建设实践之中。

第二，农民思想政治教育是提升农民素质的金钥匙。农民思想政治工作是启迪农民群众认识和改造世界能力的基础性工程，是农村治理的主要手段；是利用各种形式促使农民个体行为文明化，实现自我教育、自我约束、自我监督、自我发展，为农民提供精神支柱和精神动力；是对农民中蕴藏的巨大精神潜能进行深度开发和持续启动，是提升农民素质的金钥匙。农民思想政治教育的核心是体现农民利益，农民思想政治教育工作只有让农民深刻体会到该项工作是为广大农民谋利益的，才能把传统的理论灌输变成农民自我教育的实际行动，才能真学、真信、真懂、真用马克思主义；只有符合农民利益的思想政治工作，农民才能真心拥护，才能使党在农村的方针、政策变成农民的自觉追求，中国化的马克思主义才能真正成为中国农民全面建成小康社会的有力思想武器。在信息化的今天，农民虽然获得信息的渠道增多，但是舆论代替不了深入细致的农民思想政治工作。深入田间地头和农民心贴心、面对面的进行思想政治工作，农民才能直接倾听党和政府的声音，面对面接受教育。对农民来说，教育的最佳方式来自生产、生活实践本身，从生产、生活的巨大变化中深深地体会到党的全面小康战略的科学性，这样的教育最具说服力。农民思想政治教育要因地制宜找载体，从各地存在的最突出的、可操作性的问题入手。例如：有的村庄把整治"村容村貌"，提升村内环境作为抓手，平整道路、清理乱堆乱放垃圾、清理卫生死角等，"脸面"上干净了，农民才能有个好的精气神，即优美的环境也能提高和塑造人的素质。有的村庄从建设农家文化大院入手，令农村精神面貌为之一变,彻底改变了村民"白天下地头,晚上睡枕头"的生活方式,用老百姓喜闻乐见的形式把党在农村的各项方针政策传递到千家万户,将大道理变成小道理,变成农民容易接受的实在理,使农民自觉地规范自己的行动。

(二) 培育农民精神,为小康梦想插上精神翅膀

"志不立,天下无可成之事",任何一个社会阶级或阶层要想真正肩负起历史赋予其在社会主义建设中的光荣使命,都要具备与其所处时代、地位和肩负责任相匹配的精神。没有一个具有高度责任感,具备较高精神素质和业务素质的农民群体,中国农村小康梦想难以实现。农民精神是实现农民梦想的思想基础,"人心决定成败",实现全面小康目标,不仅要物质上强大起来,而且精神上也要强大起来。全面小康社会是具体的、历史的,但是其激发和培育的农民精神是永恒的。小康梦想只有插上精神的翅膀,才能迸发巨大的物质力量。转型发展的中国农村,社会矛盾错综复杂,加上观念差异、利益纠葛、自然灾害,因此必须一个一个啃下"硬骨头",越是面对短时期难以改变的困难,越需要百姓展现精气神,下定脱贫致富、迈入全面小康、实现中国梦的决心。"天行健,君子以自强不息",在实现全面小康的征程上,必须弘扬中华民族自强不息、百折不挠、艰苦奋斗的坚强品格,深入挖掘和阐发新时代的农民精神。

农民作为当代最大的社会群体,还没有形成与其社会地位相匹配的农村(农民)精神。关注"三农"问题,推进农村全面小康建设,实现农业强、农民富、农村美的"三农"梦想,就

必须加快培育充分反映中国特色、民族特性、时代特征的农民精神。当前激发和培育农民精神,尤其要着重把握以下两个方面的内容。

一是激发农民创新、创业精神。早在 2014 年 9 月夏季达沃斯论坛上,李克强总理提出在全国范围内掀起"大众创业"的新浪潮,形成"万众创新"的新态势的要求。2015 年的中央一号文件,强调推进农业现代化和新型城镇化,要坚持以人为本,激发农民的创造、创新、创业活力,形成大众创业、万众创新的生动局面。在新旧体制的转换中,深层次矛盾不断显露,农村各项事业的推进日新月异,只有知难而进、不断改进、不断创造、不畏艰难、埋头苦干,"三农"事业才能获得不竭动力,"没有一点闯的精神,没有一点'冒'的精神,没有一股气呀、劲呀,就走不出一条新路,就干不出新的事业"①。当前,农村改革中无论是发展农业适度规模经营、有序流转土地经营权,农村集体产权制度改革,还是深入推进农村改革实验区和国家现代农业示范区建设,科学推进种植结构调整,促进农业提质增效,以及发展农产品电子商务,加快农业信息化步伐等等,都需要农民具有强大的创新、创业精神。

二是培育农民主体性。中国社会的发展历史证明,农村改革的真正动力来自农民,只有能够调动和发挥农民主体性、积极性的那些变革才是真正富有成果的,而离开农民主体,单纯依赖外部力量一定不能持久。马克思主义认为,对于现实的个人来说,人和主体并不是完全等同的,并非每个

---

① 《邓小平文选》第三卷,人民出版社 1993 年版,第 372 页。

人都是现实的主体。只有当人具有主体意识和主体能力，并现实地作用于客体的时候，才可能成为活动的主体，具有主体性。人的主体性的基本特征，就是在与客体相互作用中表现出来的自觉的能动性、创造性和自主性。从新农村和全面建成小康社会的实践看，农民已经认识到自己应该在新农村和全面小康建设中发挥主要作用，但是大部分农民没有在心理上、经济上准备好担当主体的重任，没有将自己的合理需求转化成现实生产力的主动能力，"等、靠、要"思想比较严重，混淆了国家和政府的主导作用和农民主体作用的关系。农民已经认识到自己是新农村和全面小康建设的最大受益者，希望承担起建设自己家园的责任，但是农民对利益的需求仍然过多重视经济利益、眼前利益，而忽视对民主权利、居住环境、文化生活等利益的追求。农民是新农村和全面小康建设的主力军，依靠广大农民，尊重农民意愿和首创精神，调动农民群众的积极性和主动性，培育农民的主体性，是加快推进社会主义新农村建设、如期实现全面小康目标的关键。

新时代的农民精神是农民全面小康社会建设在思想领域里的升华，是其题中应有之义。农民精神可以展现中国农民独有的精神风采，给全面小康的历史烙下深深的印记，从中可以触摸到时代跳动的脉搏，感受精神的力量，看到农民精神折射出的伟大光芒。

第四章 农民转身份,人生共出彩

——大力培育新型职业农民

在全面建成小康社会的进程中,我们不仅要让农民的生活越来越好,而且要让农民成为有尊严的职业。正是基于这样的认识,中共中央提出加快培育新型职业农民的要求。所谓新型职业农民,就是有文化、懂技术、会经营、善管理的农业生产者。这既是对 21 世纪的中国"谁来种地"的回应,更是对农民的职业规划。农民将不再是社会身份的象征,而是一项事业的选择。

一、时代呼唤培育新型职业农民

农业作为人类社会发展的基础性产业,为人类社会的生存和发展提供了最基本的条件。一个国家如果农业衰落了,其历史和文化将难以为继。从世界农业发展的历程来看,大致经历了从原始农业、传统农业和现代农业三个阶段。

当前,我国正处于从传统农业向现代农业转变的重要时期。如何实现这一历史性转变,成为全社会关注的焦点。2006 年的中央农村工作会议回应了社会关切,明确了发展现代农业的总体思路和目标,即用现代物质条件装备农业,用现代科学技术改造农业,用现代产业体系提升农业,用现代经营形式推进农业,用现代发展理念引领农业,用培养新型农民发展农业,提高农业水利化、机械化和信息化水平,提高土地产出率、资源利用率和劳动生产率,提高农业素质、效益和竞争力。

发展现代农业需要全面提升农民的素质,特别是农民的科技素质。然而,我们不得不面对的现实情况是,随着改革开放的深入推进,大量农村劳动力转移就业,出现了农户兼业化、农村空心化、农民老龄化的严重社会问题,农业劳动力素质急剧下降。

2011年,我国城镇化率首次突破50%,达到51.27%,城镇人口第一次在数量上超过农村人口。这一方面表明我国城镇化建设取得了长足进步,另一方面也给农业发展带来新的挑战,最直接的影响就是农业劳动力数量大幅减少。据统计,目前我国有农民工2.7亿,且每年以900—1000万人的速度从农村转移到城镇。

除了数量上的急剧减少,我国农业劳动力队伍还存在着以下四方面的问题。一是劳动力结构严重失衡。由于每年有大量青壮年农民从农村转移到城镇,农业劳动力出现了以老年人和女性为主的现象。据统计,我国农业劳动力普遍老龄化,平均年龄接近50岁,有的地方达55岁;性别结构上则以女性为主,占50%以上,有的地方超过63%。二是文化水平普遍偏低。目前,我国农村劳动力大多数是初中及以下文化水平。以2011年为例,这一年我国农村居民家庭劳动力中,不识字或很少识字的占5.47%,小学文化程度的占26.51%,初中文化程度的占52.97%,高中文化程度的占

9.86％,中专文化程度的占 2.54％,大专及大专以上文化程度的占 2.65％[①]。三是科技意识和科技素质堪忧。由于农民的文化水平普遍偏低,再学习能力不足,因此普遍缺乏科技意识。中央农业广播学校的抽样调查显示,农民对种植业生产过程中最常见的良种、农药、化肥使用的基本知识,仅有 $\frac{1}{3}$ 左右达到基本掌握的水平,其余的人则基本不了解。四是农业生产后继乏人。总的来看,"80 后"、"90 后"农村新生代劳动力对农业不熟悉,对农村缺乏感情。

我国农村青壮年劳动力大多不想务农、不愿务农、不爱务农、不会务农,使农业生产出现了"老人农业"、"妇女农业"、"小学农业"的现象。长此以往,国家的粮食安全不能保证,农产品的质量安全将无法落实,发展现代农业更将成为一句空谈。正如习近平总书记所指出的,"农村经济社会发展,说到底,关键在人。没有人,没有劳动力,粮食安全谈不上,现代农业谈不上,新农村建设也谈不上,还会影响传统农耕文化保护和传承"。[②] 在这样的时代背景下,2012 年的中央一号文件第一次明确提出培育新型职业农民问题。

二、新型职业农民的基本要求

新型职业农民是以农民为职业身份,有文化、懂技术、会经营、善管理的农业生产劳动者。

---

① 《中国农村统计年鉴 2015》,中国统计出版社 2015 年版,第 31 页。
② 《十八大以来重要文献选编》(上),中央文献出版社 2014 年版,第 678 页。

新型职业农民首先是农民。农民,本意是指长时期从事农业生产劳动的人。按照所从事的农业产业,又细分为粮农、果农、棉农、菜农、养殖户和专业户等等。

然而,由于中国长期实行严格的户籍制度,形成城乡二元经济社会结构,在这种时代背景下,农民就不仅仅反映一个人所从事的工作,而是社会身份的象征。一说到"农民"这个词语,就意味着一个公民出生于农村,拥有农业户口,从事农业生产劳动。即使他(她)已经来到城市,从事着非农产业的工作,也依然无法摆脱农民的身份。"农民工"就是在这种背景下产生的一种特殊身份称谓。

现实的情况是,有很多人虽然居住在农村,但已经不从事农业生产活动。严格意义上讲,这些人已经不是农民,只能说他们是村民;有些人虽然出生在农村,但十几岁或二十岁左右就离开了农村,从事着非农产业的工作,这些人更不能说是农民,他们只是拥有农业户口而已。

新型职业农民,就是要让农民回归其职业属性,而不再是身份的象征。职业农民就是指长期居住在农村社区,从事农业生产的劳动者。一般来说,需要具备以下三方面条件:第一,居住在农村社区;第二,通过使用土地等农业生产资料创造财富;第三,其经济收入主要来源于农业生产经营。

在这三个条件中,居住在农村社区解决的是农村空心化的问题;后两个条件解决的是农户兼业化的问题。职业农民和非职业农民的根本区别就在于其生产活动是否与农业有关,特别是其收入是否主要来源于农业产业。从我国农民收入结构来看,出现了明显的趋势性变化。据统计,2000—

2011 年，农民纯收入中来自第一产业的收入比重从 48.4％降至 36.1％，而工资性收入比重则从 31.2％提高到 42.5％，工资性收入对农民增收的贡献率超过 50％。农民的收入变化反映了农户的兼业化状况。农户兼业化的一个重要特征，就是其收入来源不以农业生产经营为主。当农民成为兼业化的农业生产者，其主要的精力势必不会放在农业上，难免出现粗放经营，疏于管理，甚至抛弃耕种。与此相反，职业农民由于其收入主要来源于农业生产经营，因此更乐于学习新技术新方法，降低生产成本，提高农业生产效益。

新型职业农民，除了"新"在职业回归上，还"新"在以下四个方面。

第一，新型职业农民是"有文化"的农民。这里的"有文化"，指的是农民基本文化素质方面的要求。目前，我国农民的受教育情况非常不乐观，绝大多数是初中及以下文化水平，与世界发达国家的差距比较大。以世界农业大国美国为例，其大多数农民都是高中及以上学历，1990 年大学毕业生就已经达到 10.8％，高中以下文化程度仅占 32.9％。有研究表明，农民的文化素质与农业科技推广和农民的收入情况成正比。也就是说，农民的文化水平越高，越有利于农业科技推广，也有利于提高农民的收入水平，使务农成为有尊严感的职业。

第二，新型职业农民是"懂技术"的农民。这里的"懂技术"，指的是农民科技素质方面的要求。现代农业与传统农业最大的不同，就是重视科技的力量。农民的科技素质如何，直接关系到传统农业能否成功转型为现代农业。那么，我国农民的科技素质如何呢？据《中国公民科学素养调查》

的结果,我国公民中具备基本科学素养(科学技术知识科学思想等,以及应用它们处理实际问题的能力与参与公众事务的能力)的人口只占总人口数的 3.27%,相当于西方发达国家 20 世纪 90 年代初的水平。而农民中只有 1.51% 的人具备基本的科学素养,远低于全国平均水平。事实上,由于我国农民的科技素质偏低,已经造成了农业生产中化肥农药等投入过高、单位产出较低、农业竞争力不强的情况发生,同时导致农业科技成果转化率仅有 30—40%,远低于发达国家的平均水平。要实现传统农业向现代农业转变,关键就是农民的素质转变,核心是培养懂技术的新型农民。

第三,新型职业农民是"会经营"的农民。新型职业农民不仅仅需要从事农业生产活动,还需要根据市场需求及其变化来组织农业生产,甚至开发和组织社会资源(包括资本、技术及相关产品和服务的供应商),进行农业生产经营活动。

第四,新型职业农民是"善管理"的农民。现代农业的发展使农业生产经营主体呈现多元化趋势,家庭农场、专业大户、农民合作社、农业产业化龙头企业正在成为新型农业经营主体,这就要求新型职业农民具备高效率的管理能力。具体包括管理组织的能力,根据市场需要预测制定计划的能力,实施计划的组织能力,以及团队激励和约束管理能力,等等。

三、培育新型职业农民的重大意义

培育新型职业农民,是深化农村改革、增强农村发展活力的重大举措,也是科学把握现代农业发展规律作出的重大决策，还是加快推进信息化、城镇化、农业现代化同步发展的重大部署，意义重大。

第一，培育新型职业农民，有利于从根本上解决"谁来种地"的难题。伴随着中国改革开放的步伐，大量农村青壮年劳动力转移到城镇就业，使农业劳动力呈现出老龄化、知识陈旧、后继乏人的严重局面。为破解这一难题，中共中央作出培育新型职业农民的战略部署。

这一战略部署，从三个方面实现农业劳动力的转型。

一是实现从身份到职业的转变。农民从本意上讲，是从事农业生产劳动的。它与在城市工作的工人、教师、医生等一样，标志着一个人的职业选择。但由于我国在 20 世纪 50 年代末以来，长期实行的是城乡分治的户籍管理制度，限制了农民向其他社会阶层的社会流动，使农民丧失了其固有的职业身份，而成为一种社会身份的象征。而且，由于城乡二元社会结构导致城乡居民在社会保障和公共福利上不能享有相同的权利，导致农民成为大家普遍厌弃的职业。现在，中共中央提出大力培育新型职业农民，就是要使农民回归其职业身份的属性，而非社会身份。

二是实现从兼业到专业的转变。由于农民无法从农业生产中获得足够的收入，所以出现了农民一边从事农业生产，一边从事其他产业的现象。这一现象，被称之为农户兼业化。这一点，从农民的收入来源中可以看出端倪。以 2014 年的统计数据为例，农村居民的工资性收入为 4152.2 元，占可支配收入的 39.6%；经营净收入为 4237.4 元，占可支配收入的 40.4%。与 2013 年相比，工资性收入增加了 0.9%，经营性净收入则减少了 1.3％。这说明，农民不得不更多依赖打工获得收入。中共中央提出培育新型职业农民，就是要通过提升农民素质，提高农民从事农业生产经营的能力，通过延长农业产业链获得更多收入，回归农民的职业属性。

三是实现从传统到现代的转变。传统农民是经验型的农民，其劳动技能主要依靠父辈家传或邻里互学。而现代农民是技术型的农民，其职业技能更多的是依靠专业技术学校的课堂教学。而且，随着农业现代技术的不断更新，农民需要终身学习现代农业技术。不仅如此，现代农民已经不单单从农业生产中获取收益，还需要通过延长农业产业链，提高农业附加值。中共中央提出培育新型职业农民，就是要通过全社会各方面的努力，加快农民自身的现代化。

第二，大力培育新型职业农民，有利于推动现代农业发展。加快农业现代化进程，实现由传统农业到现代农业的转型，是当代中国农业发展的方向。与传统农业主要依赖资源投入相比，现代农业则主要依赖新技术的投入。可以说，现代科学技术是现代农业发展的先导和动力。而在我国农业转型升级为现代农业的过程中，农民的科技素质偏低一直是一个短板。据统计，2012 年我国农业科技进步贡献率达到54.5％，耕种收综合机械化水平达到 57％，标志着我国农业发展已经进入主要依靠科技进步的新轨道，农业生产方式由几千年来以人力畜力为主转入以机械作业为主的新阶段。但我国农业劳动生产率依然偏低。导致这种局面的一个重要原因就是现代农业发展人才匮乏，农民科技文化水平不高。中共中央提出培育新型职业农民，就是要通过提升农民的科技素质，弥补这个短板，从而加快现代农业发展进程。

第三，大力培育新型职业农民，有利于保障国家粮食安全。对于中国这样一个人口大国来说，粮食问题始终是关系国计民生的大问题。虽然中国的粮食产量实现了连续十几年的高产稳产，人均粮食占有量超过 870 斤，基本能够保证粮食的总供给，但同时也必须看到，粮食生产依然面临着一些严峻的挑战。其中，"未来谁来种粮"就是一个亟待破解的现实难题。今后中国要提高农业综合生产能力，让十几亿人吃饱吃好，最根本的还得依靠农民，特别是要依靠高素质的现代农民。中共中央提出培育新型职业农民，就是要通过打造一支专业化的农业劳动者队伍，保证能够生产出足够的粮食。并在此基础上，通过科技的力量，生产出安全的粮食。

四、培育新型职业农民的实践探索

为贯彻落实中共中央提出的培育新型职业农民新要求，国务院各部门积极行动起来，探索适合中国国情的新型职业农民培育之路。

（一）国务院各部门的具体部署

2012 年初，农业部决定在全国开展新型职业农民培育试点，推动新型职业农民培育工作健康有序发展。8 月，农业部办公厅印发《新型职业农民培育试点工作方案》。总的思路是紧紧围绕确保国家粮食安全和主要农产品有效供给目标任务，结合农业产业发展实际，以提高农民素质和农业技能为核心,以资格认定管理为手段,以政策扶持为动力,积极探索新型职业农民培育制度,创造有利于新型职业农民培育和发展的良好环境,加强务农骨干农民教育培训,激励有志青年和农科学生从事农业生产经营,推动形成新型职业农民队伍。12月,新型职业农民培育试点工作在安徽省蚌埠市启动,计划用3年时间,选择100个试点县,每个县根据农业产业分布选择2—3个主导产业,培育10万新型职业农民。

2013年6月,农业部办公厅印发《关于新型职业农民培育试点工作的指导意见》,进一步明确新型职业农民培育试点工作的三大目标任务。一是探索构建一套制度体系,包括教育培训制度、认定管理制度和扶持政策体系。通过试点,提出制度体系的基本框架和扶持政策体系,力争在制度上有所创新,在政策上取得突破。二是培养认定一批新型职业农民。以"让更多的农民成为新型职业农民"为目标,以"生产更多更好更安全的农产品供给社会"为方向,针对重点对象开展系统教育培训,结合认定和扶持,加快培养一批从事现代农业生产经营的新型职业农民。三是建立一套信息管理系统。建立新型职业农民信息管理系统,是实施动态管理、开展经常性培训、提供生产经营服务、落实扶持政策的一项基础性工作。各试点县要结合实际,具体提出信息采集类别,并据此建立健全认定的新型职业农民档案。

2014年6月,教育部、农业部联合发布《中等职业学校新型职业农民培养方案(试行)》,标志着我国中等职业学校首次向成年农民敞开了大门,称得上是农民教育史上的一大创举。7月，农业部启动新型职业农民培育工程。新型职业农民培育工程是一项培育新型职业农民的基础性、创新性工作，实现了三个方面的创新。一是实现从"培训"到"培育"的创新。"培训"只是传授知识和技能的过程，而"培育"则是指新型职业农民成长的全过程，包括教育培训、认定管理和政策扶持等方面的内容。二是实现从"办班"到"育人"的创新。以往的农民教育，主要是通过办班的形式，向农民传授科技知识；而培育新型职业农民工程则是通过全过程教育，为培育对象创造良好成长环境和创业发展条件。三是实现从传统教育到信息化教育的转型。新型职业农民培育工程在坚持传统面对面培训指导形式的同时，充分利用信息化手段，通过开发智慧农民云平台，实现在线教育培训、技术信息咨询、认定管理、绩效考评，以及移动互联服务等等。

2015年5月，农业部联合教育部、团中央启动"现代青年农场主培养计划"，计划每年选择1万名18—45岁的现代青年农民，将他们培育为青年农场主，为现代农业发展注入新鲜血液。现代青年农场主选择的培养对象主要是种养大户、家庭农场经营者、农民专业合作社骨干、返乡创业大学生、中高职毕业生、返乡农民工和退伍军人，培养期为3年，培育的主要内容包括职业素养、创业能力、政策法规、产业发展和案例教学等。最终目标是通过培训指导、创业孵化、认定管理、政策扶持和跟踪服务等系统培育，打造一支创业能力强、技能水平高、带动作用大的青年农场主队伍。此外，农业部还启动了农民智慧云平台、师资库、精品课、精品教材、职业农民创业基地（园）等基础建设。

2016 年初,中央财政进一步加大对新型职业农民的投入力度,计划投入 13.9 亿元,用于培训 100 万新型职业农民。3 月,农业部农民科技教育培训中心发布《全国新型职业农民培育推荐教材目录》,为新型职业农民培育筑牢根基。

(二)各地积极探索新型职业农民培育新模式

为贯彻落实好中共中央关于大力培育新型职业农民的要求,各级地方政府也积极行动起来,结合当地实际,努力探索新型职业农民培育新模式。

上海浦东新区开启新型职业农民培育"知行合一"新时代。上海浦东新区是农业部新型职业农民培育首批试点地区。为了让农民学到真本事,到社会上真能凭本事养家,浦东新区农广校精心设计职业农民培育的每个环节。在师资队伍、课程设计、培训形式、实训基地建设等各个方面,都体现了"参与式"授课计划的新理念。为制定出符合职业农民培育要求的授课计划,浦东新区召开了新型经营主体、专业大户、普通农户、培训组织管理者和教师等各个层面的座谈会,聘请涉农高等院校教师担任咨询专家,精准对接学员对教学内容、时间、师资和方式方法的需求。为了实现系统化培育新型职业农民,上海浦东新区除了对获得新型职业农民资格证书的农民给予补贴、学历提升全免学费等扶持政策外,还自 2013 年开始先后出台了把农业企业、合作社享受农业扶持政策与获得新型职业农民资格证书人数挂钩的新政策,对取得资格证书的专业大户、家庭农场提供土地流转、农机具购置、农业基础设施等方面的优惠政策。

　　山东省青岛市逐步走出一条新型职业农民"精准培训"之路。在培育新型职业农民的过程中，青岛市秉持"精准培训"新理念。在培训主体上，坚持"政府主导、多元主体"原则，调动市直和区县农广校、农业企业、农民合作社、农业院校等力量，以农业广播电视学校为主体，整合多方面培训资源，形成全社会参与培训的局面。为提升培训质量，专门举办新型职业农民师资培训班，建立新型职业农民培训师资库，并探索建立培训效果考核和动态管理制度。这种精准培训的理念体现在培训的全过程。在编制培训方案前，首先做好调研工作，精准了解农民需要什么。据调查，50％的青岛农民有学技术的需求，主要集中在设施栽培蔬菜、果树、畜禽、水产等方面，但每个村具体需求不一样。为此，青岛市在制定培训方案时，就结合青岛农业主导产业发展需求，制定了农艺工、园艺工、农资营销员、农产品经纪人等16个工种的培训规范。与此同时，针对不同的培训对象，设计不同的培训内容，组织专家编写适合当地的培训教材。在培训方式上也体现了"精准培训"，例如，崂山区、黄岛区实行不同学员的分类培训，城阳区实行"菜单式"培训，即墨市建立了"固定课堂"、"田间课堂"、"基地课堂"、"空中课堂"、"流动课堂"和"网络课堂"等六大课堂，胶州市、莱西市则注重做好农企合作、农社合作。

　　甘肃省创造了广河、民勤、安定三种新型职业农民培育新模式。甘肃省根据省内不同的地域特征，探索出不同的新型职业农民培育模式。广河县属于典型的旱作物农业区，因此在培育新型职业农民时一方面大力推广旱作农业技术，另一方面充分利用玉米秸秆,发展草食畜牧业。同时,大力延伸产业链,发展循环农业。经过几年的摸索,走出了一条"农民培训——旱作农业——回收地膜——玉米秸秆——养殖牛羊——能源沼气——有机肥料——粮食增产农民增收"的循环农业发展道路。民勤县通过当地农广校,依托"设施农业+特色林果业"主体生产模式,大力发展社会化服务,推动新型职业农民的培育。一方面充实农村社会化服务人才队伍。农广校选聘专业教师、农技人员、乡土专家等组成导师团,对农民中专生采取"1+10"导师定向指导;另一方面搭建农业社会化服务综合平台。例如免费给每位新型职业农民赠阅《民勤新农村》,建立新型职业农民手机科技短信群,设置"12316"农技服务热线等;同时,建立对口帮扶的农业社会化服务机制。安定模式主要是开展"四扶持"政策,即项目上扶持、资金上扶持、融资上扶持和服务上扶持。

从各地对新型职业农民培育模式的探索来看,具有以下三个特点。一是积极出台地方指导意见。各级政府坚决贯彻落实中央精神,按照农业部的部署制定本地区政策和措施。例如,四川省在2013年初出台《新型职业农民培育试点工作指导意见》,明确各级政府应配套的相关政策和举措,对全省新型职业农民培育试点工作进行全面部署。二是在财政上给予支持。各地都在财政上积极支持新型职业农民培育工作。例如,福建省在2013年启动"万名新型职业农民素质提升工程",当年省级财政安排专项资金2200万元,并保证三年后每年投入达到6600万元。三是积极探索适合本地的培育新模式。例如,陕西省安康市紧紧围绕农业特色主导产业，依托专业大户、农业园区、农民专业合作社和农业龙头企业等新型生产经营主体，探索形成了新型职业农民教育培育的新模式，具体包括村（社）校合作的"忠诚模式"、园（场）校合作的"隆科模式"、企校合作的"阳晨模式"等。四是积极发挥农业广播电视学校的主体作用。各地在探索新型职业农民培育模式的过程中，都以农广校为主体，积极发挥农广校主体责任。

五、走出一条具有中国特色的新型职业农民培育之路

在工业化、城镇化的历史进程中，培育一支精干的职业农民队伍，是近代以来西方发达国家比较普遍的做法。中共中央从 2012 年开始加快了培育新型职业农民的步伐，制定了一系列有利于其成长的政策和举措，取得了初步成效。一条从中国国情出发，具有中国特色的新型职业农民培育之路正在探索形成中。

第一，出台培育新型职业农民的系列政策。从 2012 年起，每年的中央一号文件都关注新型职业农民问题。特别是 2016 年的中央一号文件，更是专门列出一个标题阐明如何培育新型职业农民。内容涵盖了新型职业农民培育的各个方面，包括培育对象、培育目标、教育体制、财政资金支持等。在培育对象方面，引导有志投身现代农业建设的农村青年、返乡农民工、农机推广人员、农村大中专毕业生和退役军人等加入职业农民队伍；在培育目标方面，要把职业农民培养

成建设现代农业的主导力量；在教育体制方面，办好农业职业教育，将全日制中等职业教育纳入国家资助政策范围。加强涉农专业全日制学历教育，支持农业院校办好涉农专业，健全农业广播电视学校体系，定向培养新型职业农民。依托高等教育、中等职业教育资源，鼓励农民通过"半农半读"等方式就地就近接受职业教育；在财政资金方面，要求优化支农资金使用，把一部分资金用于培养新型职业农民。与此同时，农业部和地方省政府也制定了相应的政策，推动新型职业农民的培育工作。

第二，初步建立起全方位的新型职业农民教育培训体系。经过几年的摸索，中国已经初步形成了以农业广播电视学校、农业职业院校和农业技术推广体系为主要依托，广泛吸收高等院校、科研院所、龙头企业和民间组织参加，从中央到省（区）、市、县、乡相互衔接的农民教育培训体系。在体制机制建设方面，初步建立起政府主导、多元办学的农民教育培训机制，形成产学研、农科教相结合的大协作农民教育培训运行机制，探索形成田间学校、送教下乡等行之有效的农民教育培训模式。

第三，加强新型职业农民培育工作的支持保障。新型职业农民培育工作起步晚，但短短的几年时间就取得了长足进步。中共中央、国务院高度重视新型职业农民培育工作，从历年中央一号文件，到国家科技发展纲要、教育发展纲要和人才培育纲要，都把职业农民教育培训作为重要内容，对重大教育培训计划实施提出明确要求。各个部委，如农业部、财政部、教育部、发改委等部门，围绕国家重大计划实施，建立农民教育培训有关项目的工作协调小组，形成了齐抓共管的局面。特别是在资金保障方面，财政部每年都安排专项资金，用于新型职业农民培育。例如，2014 和 2015 年国家每年都拨付了 11 亿元用于支持新型职业农民培育工作，2016 年更是达到 13.86 亿元，比 2015 年增长了 26％。

中国的新型职业农民培育工作刚刚起步，与西方发达国家相比，还有很大的差距。从世界农业现代化的历史来看，尽管各国的国情不同，但都有一个共同的特点，就是将职业农民作为推动农业发展的主体力量，都非常重视职业农民的培育工作。主要是通过立法保障农民的培训权利，设立专门机构保证农民培训工作顺利开展，建立充足的经费保障机制。

西方发达国家的成功做法，为中国的职业农民培育工作提供了经验借鉴。但中国的新型职业农民培育必须走自己的路，还需要在法治保障、政策扶持、培训体系、经费机制等方面下功夫，特别是破除城乡二元社会结构的制约，让农民回归其职业身份的本质属性，让农民也和其他职业一样获得尊严感，展现出彩的人生。

第五章　农业现代化，农民市民化

——农民彻底解放的必由之路

　　没有农业的现代化，不是真正的现代化；没有农民的小康，不是真正的小康。中国要实现 2020 年全面建成小康社会的奋斗目标，就必须加快补足农业农村这块短板，加快实现农民市民化。农业现代化、农民市民化既是全面建成小康社会的必然要求，也是彻底解放农民的必由之路。

一、农业现代化、农民市民化是历史发展的必然趋势

（一）农业现代化是人类社会走向现代文明的必然要求

　　十八世纪中叶，伴随着工业革命的发生，人类社会步入现代化的历史新征程，人们赖以生存的农业也被注入现代文明的新因子，开始从传统农业向现代农业转变，这一转变过程被称之为农业现代化。

　　农业现代化使传统农业在动力来源、生产方式、耕作方式、组织形式上，发生翻天覆地的变化。从动力来源上看，传统农业的动力来源是人力和畜力，而现代农业则是机械力、电力；从生产方式上看，传统农业主要是依赖手工操作的各种铁制工具，而现代农业则广泛应用现代科学技术，如生物育种技术、节水灌溉技术、测土施肥技术等等；从耕作方式上

看,传统农业的耕作方式主要是建立在农民世代耕作经验的积累上,而现代农业的经营主体是通过教育培训的高素质、高度组织化的现代农民。现代农民已经不再依靠经验传承来耕种,而是建立各种新型经营主体来组织农业生产,如家庭农场、专业合作社等,实行集约化经营。

世界农业发展的历史说明,农业现代化是不可逆转的普遍趋势。18世纪60年代,也就是在第一次工业革命时期,欧洲发生了农业革命。所谓农业革命,指的就是传统农业发生的根本性变革,即农业生产的科学化(引进新品种和"科学种田"等)、农业产品商品化、农业经济市场化、农业技术机械化、农业用地集中化、农业劳动力专业化、农业合作社和公司型农场等现代农业组织形式兴起、农民识字率提高、农业劳动力和增加值比例下降等。

19世纪70年代,伴随着第二次工业革命的到来,特别是经历了两次世界大战后,世界农业前沿发生了新的变革,主要是农业技术机械化和电气化、农业经济商品化和市场化、农业生产专业化和规模化、农业经营制度化和企业化、化学肥料和农药的使用、农业水利的发展、优良品种和农业科技的发展、农民素质提高、农业劳动力和增加值比例持续下降等。与此同时,水土流失加剧,农业污染出现,农业经济发生周期性危机,农业依然受到自然灾害的影响。

20世纪50至60年代,在第三次产业革命和发展中国家绿色革命的影响下,农业现代化朝着机械化,电气化,自动化,农业生产的专业化、标准化和规模化,农业服务的市场化和专业化,农业的集约化、良种化、水利化和化学化方向发展,国家农业政策和农业经济系统化,农业科技日新月异,农民素质大幅提高,农业劳动力和增加值比例持续下降,国际农业贸易增加,化肥和农药污染引起世界关注。在这一时期,一些发达国家率先实现农业现代化。

20世纪70年代以后,信息革命、高技术(包括生物技术)的发展,以及知识经济和知识社会的兴起,使农业现代化具有了新的内涵。农业掀起信息化浪潮,生态农业、有机农业、绿色农业兴起,知识型农业快速发展。所谓知识型农业,其主要特点是农业的知识化、信息化、生态化、多样化、智能化、精准化和工厂化,农业在国民经济中的比例进一步降低。

(二) 农民市民化是历史发展的必然趋势

农业现代化的过程,也是一个逐步减少农民的过程。农业现代化使大量农村剩余劳动力转移就业,转化为城镇市民,实现市民化。

从发达国家的现代化历程来看,工业化、城镇化、农业现代化相互促进,相向而行。例如,1520年,英国农业人口占全国总人口的76%,随着工业革命的到来,棉纺织业等新兴产业迅速发展,交通运输业激变,其劳动生产率大大超过农业,推动大量农村人口流入制造业、采矿业和建筑业等非农产业。1801年,英国农村人口占全国人口的64%。又经过50年的发展,1851年英国农村人口占全国总人口的49%,成为世界上首个农村人口少于城市人口的国家。20世纪初,英国农村人口仅为总人口的25%,基本实现城镇化。与此同时,农业耕作制度发生根本性改变,生产规模化程度大幅提高，农业机械大量普及，农业灌溉和施肥技术迅速提高，农业劳动生产率明显提升，农业基本实现现代化，农民随之基本实现市民化。

美国也经历了相近的发展历程。1870 年以前，美国是一个以农业为主的国家，75％的人口生活在农村。此后，在英国第二次产业革命的影响下，美国开始了以电力、钢铁为龙头的工业革命，整个国家进入工业化的快车道。工业化带动城市经济快速发展，推动交通运输业发生革命性改变，大量机械装备农业，迅速提高农业机械化水平，加速农业现代化发展，并促使大规模移民潮的出现。1880 年，美国城镇人口数量为全国总人口的 28.14％。到了 1920 年，美国城市人口占全国总人口数的比重已经达到 51.2％，基本实现城镇化。

同欧美的农业现代化、农民市民化道路不同，亚洲强国日本的这一过程更凸显积极干预的特点。二战后，日本一边大力推广农业机械化，一边迅速发展工业，大量吸收农村剩余劳动力。因此，日本只用了大约 30 多年的时间，就完成了欧美发达国家 100 年左右的农业现代化、农民市民化过程。20 世纪 80 年代初，日本农业人口由战后初期的 53.4％下降到 10％，2003 年更是下降到 3％，与欧美发达国家基本持平。

二、全面建成小康社会必须加快推动农业现代化

(一) 农业是全面建成小康社会的基础

农业生产的特殊性决定了其在人类社会发展中的基础地位，特别是对于中国这样的人口大国来说，更是如此，毕竟

吃饭永远是天大的事。

当前,中国正处于全面建成小康社会的决胜阶段。农业的发展状况,将直接关系到这一阶段性目标能否如期实现。对此,中国共产党早就有清醒的认识。1998年10月,党的十五届三中全会指出,没有农民的小康就没有全国的小康,没有农业的现代化就没有整个国民经济的现代化。习近平总书记用了一句通俗的话,来形容农业农村农民问题对于建设小康社会的重要性。他说,小康不小康,关键看老乡。

农业发展是解决农民和农村问题的关键。农业、农村、农民问题,被合称为"三农"问题。在这三个问题中,农业问题主要是农业加快发展,实现农业现代化。只有农业发展了,农民的收入水平提高了,农民才能成为受人尊敬的职业,并带动更多的人愿意从事农业;只有农业发展了,现代化水平提高了,才能带动农村加快现代化步伐,实现城乡同步发展。

农业发展为全面建成小康社会提供粮食安全保障。中国是世界上第一人口大国,也是世界上最大的粮食消费国,每年需要消费粮食约6亿吨,如何确保粮食安全就成为党和政府面临的头等大事。正因如此,中国共产党历来高度重视粮食问题。特别是党的十六大以来,出台了一系列促进粮食增产的政策和举措,实现连续十几年的粮食增产。据统计,中国粮食产量自2013年起,连续3年总产超过6亿吨。但由于消费结构的变化,中国每年需要从国外进口的农产品,相当于利用境外6至7亿亩的耕地。因此,提高粮食综合生产能力,确保国家粮食安全和主要农产品有效供给,依然是中国农业的首要任务。

　　农业发展水平是全面建成小康社会的重要指标。党的十八大报告完善了全面建成小康社会的目标，其中与农业发展有关的目标有四个。一是到 2020 年，农民人均收入比 2010 年翻一番；二是促进工业化、信息化、城镇化、农业现代化同步发展，农业现代化和社会主义新农村建设成效显著；三是基本公共服务均等化总体实现；四是收入差距缩小，扶贫对象大幅减少。

（二）农业现代化是实现现代化的关键

　　中国农业现代化水平与自身的整体现代化水平相比，存在不小的差距。据测算，2008 年中国农业劳动生产率比工业劳动生产率约低 10 倍，农业现代化水平比中国现代化水平约低 10%。农业现代化已经成为中国现代化建设的短板，主要表现在以下几个方面。

　　第一，农业产业化水平低。农业产业化是实现农业现代化的必经之路。农业产业化，就是以国内外市场为导向，以提高经济效益为中心，对当地农业的支柱产业和主导产品，实行区域化布局、专业化生产、一体化经营、社会化服务、企业化管理，把产供销、贸工农、经科教紧密结合起来，形成一条龙的经营体制，其实质就是生产的专业化。

　　当前，我国农业产业化主要存在三个方面的问题。一是农业社会化服务水平不高，服务体系建设相对滞后。中国农村的二三产业发育不良，农产品加工转化率不高，产品附加值偏低，降低了农产品的竞争力。二是专业化生产模式不成熟。中国农业产业化模式以"专业合作组织＋农户"和"公司＋基地＋农户"的形式为主，但普遍存在"联而不合"问题。龙头企业大多规模小、科技创新能力不高、市场开拓能力弱，制约了产业化发展进程。三是农业产业化制度不完善。农业产业化是一个系统工程，需要一系列相关配套制度的支撑。当前，中国农业产业化配套的相关制度都还不完善，如农业保险制度险种少、保费高，造成了农业保险覆盖面狭窄；农业金融制度存在贷款要求条件高和信贷利息高，造成融资难等问题。

第二，农业科技贡献率低。农业科技是决定农业现代化水平的决定性力量。从现代农业发展历史来看，西方发达国家都非常重视农业科技工作，通过科技的力量提升农业生产效率和经济效益。因此，发达国家农业的科技贡献率都很高，基本达到80％以上，有的国家还超过了90％，如以色列、美国、德国、英国、法国。其中，以色列农业的科技贡献率早在20世纪80年代就已经达到了96.7％。与之相比，我们国家的农业科技贡献率就比较低了，据统计，2015年达到56％，与西方发达国家相比，差距比较大。

第三，农业基础设施落后。农业基础设施是保证农业现代化的基本条件。党的十六大以来，中国政府积极统筹城乡经济社会发展，不断推动公共财政向农村覆盖，使农业基础设施得到明显改善。但由于历史欠账比较多，农业基础设施建设水平与现代农业的发展要求相比，依然有很大差距。

一是高标准农田偏少。中国是世界上人地关系十分紧张的国家，主要表现为耕地数量少，且质量不断下降。据统计，截至 2010 年底，全国耕地总数不足 18.26 亿亩，接近 18 亿亩红线；人均耕地面积仅为世界平均水平的 40％，是发达国家的 25％。全国 2000 多个县中，有 660 多个县人均耕地不足 0.8 亩。耕地不仅少，而且质量不高。据统计，在中国的耕地资源中，70％属于中低产田，大部分还是靠天吃饭。

二是农田水利基础设施薄弱。我国是世界上水资源匮乏的国家，人均水资源不到世界平均水平的 30％，且区域季节分布不均。农业用水量大，但有效利用率低，大水漫灌现象依然普遍。

三是农村公路普遍缺乏养护。进入新世纪新阶段，我国农村公路建设取得长足进步。特别是 2006 年以来，农村公路建设进入有史以来最大规模、最快速度、最大范围的快速发展新时期。全国绝大多数乡（镇）都融入了全国高速公路网络，绝大多数建制村通上了硬化路，农村交通状况实现翻天覆地的变化。但已建成的农村公路因为标准低、缺乏养护，不少亟待大修。

第四，农业发展过程中的生态环境保护和食品安全问题日益突出。据统计，从 1978 到 2012 年的 33 年间，我国粮食产量年均增长 1.96％，而化肥施用量达到年均增长 5.71％。由于过于依赖化肥提高粮食产量，造成土壤板结和地力急剧下降。此外，农用薄膜的大量使用，引发耕地"白色污染"问题。再加上过量使用农药，进一步加剧了土壤污染，其直接后果就是农产品安全问题凸显。

（三）加快农业现代化是追赶世界农业发展的必然要求

农业现代化是国家现代化建设的重要组成部分。早在20 世纪 50 年代,中国在进行现代化建设布局时,就提出"现代化农业"的发展目标。1964 年,第三届全国人民代表大会第一次会议首次向全国人民提出"四个现代化"的奋斗目标,即农业现代化、工业现代化、国防现代化和科学技术现代化。

历经几十年的发展,中国已经从一个农业欠发达国家升级为农业初等发达国家,但与世界农业发达国家相比,差距依然很大。

据测算,2008 年中国农业现代化指数世界排名为 70 位左右。从农业发展的指标水平来看,存在发展不平衡的问题。例如,12％的指标达到农业发达水平,4％的指标为中等发达水平,34％的指标为初等发达水平,50％的指标为欠发达水平。

2008 年的另一组数据也能体现中国农业现代化水平与世界发达国家的差距。农业劳动生产率,日本和法国是中国的 100 多倍,美国和加拿大是中国的 90 多倍,德国、英国、澳大利亚和意大利是中国的 50 多倍;农业劳动力,中国是美国和英国的 20 多倍,是德国、法国、澳大利亚和加拿大的 10 多倍;农民人均供应人口,美国和英国是中国的 30 多倍,德国是中国的 20 多倍,法国、澳大利亚、意大利和加拿大是中国的 10 多倍。[1]

如果按照农业劳动生产率、农业增加值比例和农业劳动

---

[1] 何传启:《中国现代化报告 2012——农业现代化研究》,北京大学出版社 2012 年版,第 183 页。

力比例指标的年代差的平均值计算，2008 年中国农业发展
水平比英国、美国和荷兰大约落后 100 多年，比瑞典和德国
大约落后 80 多年，比丹麦和法国落后 60 多年，比意大利和
西班牙落后 50 多年。[①]

三、农民市民化是解决农民问题的根本途径

我国"三农"问题的核心是农民问题，农民问题的症结是
农民太多。因此，解决农民问题的根本途径，就是加快农民
市民化步伐，推动新型工业化、信息化、城镇化、农业现代化
同步发展。

（一）正确理解农民市民化的科学内涵

农民市民化是指原本在农村地区生活的农民，在工业化
的历史进程中，进入城市并以非农产业为生的社会现象。在
西方发达国家，工业化、城市化和农民市民化这三者几乎是
同步完成的，即在工业化的过程中，同时完成城市化和农民
职业、身份的市民转换。

中国是在 20 世纪 50 年代开始启动大规模社会主义工
业化。当时，为保证工业化的顺利进行，实行了严格的户籍
管理制度，由此形成城乡二元经济社会结构，出现了城市化
落后于工业化，农民市民化滞后于城市化的独特现象。据统

---

① 何传启：《中国现代化报告 2012——农业现代化研究》，北京大学出版社 2012
　年版，第 182 页。

计,中国已实现56.1％的常住人口城镇化率,但只实现了39.9％的户籍人口城镇化,有2亿多农民工已经进城工作生活,依然还是农民的身份,难以享受到城镇基本社会公共服务,他们的收入、就业、住房、社保、子女就学等都成了难题。

面对中国国情,如何实现农民市民化?重要的是正确理解农民市民化的科学内涵。农民市民化,指的是农民在职业、户籍、生活方式、思想观念以及社会身份等方面,完成向市民的转变。

农民市民化意味着其职业的转变。农民实现市民化的重要标志是其脱离了原来赖以生存的农业,或者说不以农业生产经营为谋生的主要方式,或者就近或者到城镇从事二三产业。这种职业的转换,是农民市民化的基本前提条件。

农民市民化意味着其户籍的转变。随着农民到城镇从事二三产业,对其户籍管理工作也相应发生改变,以保证其享有与城镇居民同样的基本权利,以利于其快速融入城市。对离开农业生产经营的农民,特别是到城镇工作生活的农民,纳入城镇人口管理,是农民市民化的必然要求。

农民市民化还意味着其生活方式、思想观念的转变。城市生活与农村生活相比,在生活习惯、文化习俗、价值观念等方面,都有着巨大差别。农民市民化的过程,也是农民渐渐适应城镇生活的过程。

农民市民化最关键的是其社会身份的转变。从农民市民化的本义上说,是基于现实中农民与市民的差别,其中最为关键的是市民能够享受农民所不能享受到的现代城市文明。然而,对于当代中国来说,农民和市民是两个完全不同的权利群体,或者说是两种截然不同的社会身份。因此,农民市民化不仅仅是农民不再从事农业生产经营,从根本上说是让农民也享有和市民同样的社会福利和保障,即享有同等的国民待遇。

(二) 农民市民化的重要意义

农民市民化是减少农民的重要环节,是城乡一体化的发展目标,也是彻底解决农民问题的根本途径。

农民市民化有利于加快农村剩余劳动力的转移。中国是世界农业人口大国,转移农村剩余劳动力是减少农村劳动力,进而减少农民的重要途径。农民市民化,一方面可以推动农村剩余劳动力的转移就业,另一方面可以让已经在城镇工作生活的农民工,尽快融入城市,成为新市民。

农民市民化有利于统筹城乡经济社会发展,更好解决"三农"问题。当代中国"三农"问题的症结在于城乡二元结构,为破解这一结构性难题,中国共产党在新世纪新阶段提出了统筹城乡经济社会发展、促进城乡一体化的战略举措。农民市民化,一方面加快人口从乡村向城镇运动,并在城镇从事非农产业;另一方面带动乡村生活方式向城镇生活方式转变,推动城乡一体化发展,最终消除城乡差别。

农民市民化有利于加快全面建成小康社会步伐。城乡收入差距过大、农民权利缺失,是全面建成小康社会面临的一个难题。农民市民化,一方面可以让已经进入城镇工作的农民工,获得平等的经济、政治和社会保障权利,解决其身份问题;另一方面,可以吸引更多的农民离开农村,减少农民的绝对数量,相应增加农民的农业资源占有量,加快农业产业化,让农民获得更多的农业经营收入。通过农民市民化,妥善协调各种利益关系,让农民平等参与现代化进程,共享社会发展进步成果,推动全面建成小康社会。

(三)具有中国特色的农民市民化道路

在西方发达国家,农民市民化是通过人口迁移完成的。对于中国这样的一个农业人口大国来说,显然不能走和西方同样的农民市民化道路。历经 30 多年的改革开放,逐步探索出具有中国特色的农民市民化道路,即以中小城市和小城镇建设为依托,实现农民从初步的职业转移到逐步成为新市民的途径。这种途径最成功的案例就是苏南城镇化模式。

所谓苏南城镇化模式,指的是以苏州、无锡、常州为中心的地区,通过小城镇建设,转移农村剩余劳动力,并通过工业反哺农业、城镇反哺农村,消除城乡差别,使农民不仅仅是身份上转化为新一代市民,而且在社会保障、生活方式、思想观念等方面都有认同感,实现真正意义上的农民市民化。

苏南地区农民市民化进程,是在 20 世纪 80 年代初开始起步的,主要是积极发展乡镇企业。通过发展乡镇企业,一方面吸收了大量农村剩余劳动力就地转移,提高农民的收入水平;另一方面为农村建设和城镇化奠定坚实物质基础。这一时期,农民迈出了市民化的第一步,主要从事非农产业。实现了职业上的转变。

20 世纪 90 年代,伴随着全球化进程和市场经济环境的变化,苏南地区重点建设经济开发区和工业园区。在建设经济开发区和工业园区的过程中，政府征用了大量的农村土地，一方面给予农民一定的经济补偿，安排农民到园区从事非农产业；另一方面，建立农民集中居住区，建设商业设施，使这些农村地区转为工业发达、配套完善的新型城镇。这一时期，农民迈出了市民化的第二步，加快职业转变步伐，改变传统生活习惯，提升生活质量。

新世纪初，苏南地区开始摆脱单纯追求工业发展的传统模式，进入工业反哺农业新阶段。一方面，通过加大公共产品和公共设施的供给，提高城镇居民的生活品质；另一方面，积极引导第三产业进农村，建设城郊新型农村，主要是大力发展休闲农业、观光农业和生态农业，让农民的收入多元化，使更多农民成为新型职业农民。这一时期，城乡居民的生活水平基本持平，甚至在个别地方农民的福利待遇超过了城镇市民。与此同时，户籍制度改革取得新突破，废止了非农人口迁入许可证，实行户口迁移条件准入制。城乡二元结构逐渐消失，城镇和农村在生活质量上差距不大，农民在社会保障、生活方式、价值观念等也与市民产生认同感，真正实现市民化。

四、加快农业现代化和农民市民化步伐

当前，中国正处于全面建成小康社会的决胜阶段，也是农业现代化、农民市民化的关键阶段。面对既有的旧问题和复杂形势下的新挑战，中国共产党明确现阶段农业现代化和农民市民化的主要任务，提出加快农业现代化和农民市民化

的政策思路,确保如期全面建成小康社会。

(一) 现阶段农业现代化和农民市民化的主要任务

第一,增强农产品安全保障能力。一是提高农业综合生产能力。既要坚持最严格的耕地保护制度,又要实施藏粮于地、藏粮于技战略。以粮食等大宗农产品主要产区为重点,到 2020 年确保建成 8 亿亩,力争建成 10 亿亩集中连片、旱涝保收、稳产高产、生态良好的高标准农田。同时,探索建立粮食主产功能区和重要农产品生产保护区,支持粮食主产区建设粮食生产核心区,完善利益补偿机制,确保稻谷、小麦等口粮面积基本稳定。二是推进农业结构调整。要树立大食物观,进一步优化产品结构、生产结构、产业结构和生产力布局,推动粮经饲统筹、农林牧渔结合、种养加一体发展,加强棉花、油料、糖料、大豆和林果等生产基地建设。三是提高农产品质量安全水平。主要是加强农产品质量安全和农业投入品监督,强化生产地安全管理,实行产地准出和市场准入制度,建立全程可追溯、互联共享的农产品质量安全信息平台,健全从农田到餐桌的农产品质量安全全程监管体系。

第二,推进农村一、二、三产业融合发展。主要是加快农业产业链和价值链建设,延伸产业链、提升价值链,建立和完善多种形式利益联结机制,让农民更多分享增值收益。一方面大力发展农业产业化经营,积极发展农产品加工业和农业生产性服务业,拓展农业多种功能,发展观光农业、体验农业、创意农业等新业态。另一方面,加快发展都市现代农业,大力发展农业电子商务等农业新业态、新模式,鼓励电商平

台企业开展农村电商服务。同时，完善现代农产品市场
体系。

第三，构建现代农业经营体系，提高农业技术装备和信
息化水平。一方面，以发展多种形式适度规模经营为引领，
创新农业经营组织方式，构建以农户家庭经营为基础、合作
与联合为纽带、社会化服务为支持的现代农业经营体系，提
高农业综合效益；另一方面健全现代农业科技创新推广体
系，强化农业科技自主创新能力建设，改善农业重点实验室
创新条件，加快生物育种、农机装备、绿色增产等技术攻关。
推进主要作物生产全程机械化，促进农机农艺融合，提高农
业机械化水平。同时，推动农业信息化建设，推动信息技术
与农业生产管理、经营管理、市场流通、资源环境等融合。

第四，加快农业转移人口市民化。统筹户籍制度改革和
基本公共服务均等化，健全常住人口市民化激励机制，推动
更多人口融入城镇。全面实施居住证暂行条例，推进居住证
制度覆盖全部未落户城镇常住人口。健全财政转移支付同
农业转移人口市民化挂钩机制，建立城镇建设用地增加规模
同吸纳农业转移人口落户数量挂钩机制，建立财政性建设资
金对城市基础设施补贴数额与城市吸纳农业转移人口落户
数量挂钩机制。维护进城落户农民土地承包权、宅基地使用
权、集体收益分配权，并支持引导依法自愿有偿转让。

第五，优化城镇化布局和形态。加快构建以陆桥通道、
沿长江通道为横轴，以沿海、京哈京广、包昆通道为纵轴，大.
中小城市和小城镇合理分布、协调发展的"两横三纵"城市化
战略布局。加快城市群建设发展，形成更多支撑区域发展的

增长极。增强中心城市辐射带动功能。超大城市和特大城市要加快提高国际化水平,大中城市要加快产业转型升级,形成带动区域发展的增长节点。加快发展中小城市和特色镇,让更多农民实现就地市民化。

(二) 加快农业现代化和农民市民化步伐的政策思路

第一,推动农业现代化、城镇化同步发展。党的十八大以来,加快推动农业现代化、城镇化同步发展,成为全党和全国人民的共识。通过加快推动农业现代化,可以减少农民,解决农民过多的问题;通过推动城镇化,可以更多吸纳农村剩余劳动力,让农民实现转移就业,并逐步融入城市,实现农民市民化。

第二,坚持城乡一体化发展基本方略。统筹城乡发展,推动形成城乡经济社会发展一体化格局,是新世纪以来中国共产党提出的破解"三农"问题的基本方略。坚持城乡一体化发展基本方略,是实现城乡经济社会良性循环的必然要求。按照这一方略,可以使城市和农村紧密联系起来,彻底破除城乡分割的二元经济社会结构。

第三,全面深化改革,破除体制机制障碍。当代中国农业现代化的发展历程证明,改革是解决"三农"问题的动力源泉。在全面建成小康社会的决胜阶段,只有全面深化改革才能彻底消除体制机制上的藩篱。为此,党的十八届三中全会提出破除城乡二元结构改革新要求,即健全体制机制,形成以工促农、以城带乡、工农互惠、城乡一体的新型工农城乡关系,让广大农民平等参与现代化进程、共同分享现代化成果。

具体包括加快构建新型农业经营体系，赋予农民更多财产权利，推进城乡要素平等交换和公共资源均衡配置，以及完善城镇化健康发展体制机制。通过这些改革新举措，一方面加快农业现代化步伐，解决现代化建设的短板问题；另一方面通过推进以人为核心的城镇化道路，解决农民市民化问题，让全体社会成员共享改革开放的成果，真正实现全面建成小康社会的美好愿景。

第六章　蛋糕要做大，分配要公平

——调动农民积极性的利益机制

全面建成小康社会，离不开亿万农民群众的积极参与。而要调动农民的积极性，关键看农民的切身利益尤其是物质利益是否得到维护和发展。群众利益无小事，亿万农民的利益问题更是关系国家稳定和发展的大事。在中国经济不断发展的今天，我们不但需要继续提高发展效率，而且需要更加关注分配公平，在把经济"蛋糕"继续做大的同时，还要特别注意分好"蛋糕"。只有让广大农民能公平地参与分配中国经济发展的"蛋糕"，才能充分发挥农民的积极性，全面建成小康社会的伟大目标才能得以实现。

一、中国共产党的成功之道——维护农民利益，调动农民积极性

人的积极性与利益直接相关。要有效发挥人的积极性，就必须正确认识和处理人的利益问题。在人类认识史上，马克思主义第一次对人的利益问题的本质、特点及其历史作用作了科学的说明。马克思认为，追求利益尤其是物质利益是人类一切社会活动的动因。"人们奋斗所争取的一切，都同

他们的利益有关。"①"每一既定社会的经济关系首先表现为利益。"②利益原则是人类社会中统治和支配其他一切原则的基本原则。利益不但推动着生产和生活，决定并支配着政治权力和政治活动，而且构成了社会思想意识的基础。"'思想'一旦离开'利益'，就一定会使自己出丑。"③马克思还指出，利益的社会本质和社会基础是生产关系。经济利益是生产关系的具体表现，分工是引起利益矛盾的原因。人们在追求利益的同时，必然会产生各种各样的利益矛盾和利益冲突。阶级斗争本质上就是基于物质利益的根本冲突。阶级斗争"首先是为了经济利益而进行的，政治权力不过是用来实现经济利益的手段"④。人类社会发展的最根本的目标就是为了更好地实现人的利益。

马克思主义的利益理论，成为中国共产党人认识和处理社会利益问题的科学武器。九十多年来，中国共产党始终认真对待农民利益问题，努力维护和发展农民利益，以此调动亿万农民的积极性，从而为革命、建设和改革开放事业提供了强大动力。

在新民主主义革命时期，以毛泽东为代表的中国共产党人逐步认清了中国的特殊国情，将革命的重心从城市转移到了农村，在实践中开辟出了以农村包围城市、武装夺取政权为主要内容的正确革命道路。这条革命道路的成功之处，就

---

① 《马克思恩格斯全集》，第1卷，人民出版社1956年版，第82页。
② 《马克思恩格斯选集》，第3卷，人民出版社1995年版，第209页。
③ 《马克思恩格斯全集》，第2卷，人民出版社1957年版，第103页。
④ 《马克思恩格斯选集》，第4卷，人民出版社1995年版，第250页。

在于通过打土豪分田地,开展土地革命,满足农民获得土地的强烈需求,从而调动起农民的革命积极性,使农民成为中国革命的主力军。广大农民群众不但成为人民军队的主要兵力来源,而且为人民战争提供了最可靠的后勤保障。新中国成立初,陈毅在谈到淮海战役时,深情地说:"淮海战役的胜利是人民群众用小车推出来的。"这句话正是中国革命过程中农民功绩的真实写照。正是有了农民的支持和拥护,中国革命才得以克服艰难险阻,最终推翻了帝国主义、封建主义和官僚资本主义这三座大山,赢得了伟大胜利,在1949年建立起了中华人民共和国。

新民主主义革命的胜利和新中国的成立,为中国农村的发展和农民的利益提供了根本的社会政治保障。首先,新中国的成立,使中国农村和亿万农民彻底摆脱了帝国主义、封建主义和官僚资本主义这三座大山的沉重压迫,开启了中国农村发展的新纪元。其次,新中国是以工农联盟为基础的人民民主国家。随着农村各级人民政权的建立,广大农民彻底摆脱了旧社会中"草民"、"愚民"、"贱民"、"长工"、"佃户"等低贱身份,从被压迫者翻身成为国家、社会和自己命运的主人,享有了在以往难以想象的社会政治权利。再次,新中国成立后,广大农村完成了土改,实现了"耕者有其田",彻底废除了延续数千年的土地地主所有制,从根本上瓦解了旧中国农村长期盛行的封建宗法制度和剥削制度。这是对农民经济社会地位的根本解放,也是对农村生产力的极大解放,为农村经济社会的发展奠定了坚实的制度基础。

建国后六十多年来,中国农民的利益格局历经曲折变化,但总的来说,党和政府始终坚定不移地维护和实现农民利益,广大农民的利益得到了快速发展。

在国民经济恢复和"一五"计划时期,党和国家在优先发展重工业的前提下,制定并实行了一系列保障农民利益的方针政策。建国初,政府颁布《土地改革法》,规定农民的土地所有权要在法律上予以保护。大规模开展工业化建设后,党和政府在强调重点发展重工业的同时,也认为农业是头等大事,逐步增加对农业的投入,并在财政经济十分困难的情况下,大力兴修水利。这时期,还实行相对固定的负担政策。中央多次发布文件,要求照顾农民的利益,力求不增加公粮负担,恰当地减轻农业税,鼓励农民的生产积极性。规定农业税的原则是"种多少土地,应征多少粮食,依率计征,依法减免,增产不增税",保证农民在生产不断提高的情形下,有更多的余粮可以出售,扩大生产,改善生活。为了尽量缩小工农产品价格剪刀差,"一五"期间,国家力求工业品和农产品的比价合理。1953年实行粮食计划收购与供应后,中央要求统购价格必须合理,实行统购时,必须加强农民的物资供应。1956年,全国基本实现农业合作化以后,党中央、国务院联合发布指示,要求必须合理地调整某些农产品的收购价格,务使合作社和农民有利可图,以发挥其生产积极性。

这些措施使翻身后的农民生活有了较大的改善和提高。但这一时期党在维护农民经济利益方面也存在不少问题。主要是:合作化后期,保护农民私有制政策动摇过早,改变过快;工农业巨额剪刀差改变不大;在工农业投入上,农业始终是弱势;农村商业和市场极不发达。同时,各地在执行政策中,不断出现问题,有的地方征收农业税过高,农业税以外的其他负担时有发生,等等。这些都影响农民积极性的充分发挥。

在 1956 到 1976 年的 20 年中,我国社会主义建设经历了巨大曲折,农民的利益也受到严重损失。无论是"以钢为纲"的全民大炼钢铁运动,高指标、浮夸风盛行的农业"大跃进",大刮"共产风"和"割资本主义尾巴"的农村人民公社化运动,还是十年"文革"大动乱,都使农业生产遭到严重破坏,农民利益严重受损,很多农民吃不饱肚子,农民的生产积极性受到极大压抑和挫伤。不改革,中国农村已经没有任何出路了。

1978 年十一届三中全会后,中国迎来了改革开放的春天。随着农村改革的不断深入和发展,广大农民的利益得到了有力维护和发展,积极性得以充分调动。十一届三中全会提出,全党必须集中主要精力把农业这个国民经济的基础尽快搞上去。必须首先调动几亿农民的社会主义积极性,必须在经济上充分关心他们的物质利益,在政治上切实保障他们的民主权利。1982—1986 年,中共中央连续五年发布以农村工作为主题的中央一号文件,对农村改革和农业发展作出部署,出台了一系列发展农村经济,保障农民利益的重大政策措施。诸如:建立家庭联产承包责任制,确立家庭经营的主导地位,给农民以自主权;增加农业投入和贷款;改善农村商品流通,恢复和发展城乡集市贸易;改变人民公社政社合一体制,实行政社分开;调整和取消农产品统派购制度,疏通和拓宽商品流通渠道;增加对农业的投入,改善农业生产条件；实施科技兴农战略，推动"星火计划"、"丰收计划"、"燎原计划"的落实；鼓励发展乡镇企业，拓展农民就业增收领域；切实减轻农民负担，重视扶贫开发工作等等。这些措施保障了农民的权益，给广大农民吃了"定心丸"，农民的生产积极性空前高涨，农村生产力得到极大解放，农村经济社会实现全面发展。在20世纪80年代，广袤农村发生了翻天覆地的变化，亿万农民生活日渐富足。这是新中国农村发展的一个黄金期。这时期的流行歌曲《在希望的田野上》，以欢快和昂扬向上的歌词与旋律，充分抒发了农村巨变后广大农民的愉悦心声。

1992年，邓小平南方谈话和党的十四大的召开，吹响了驶向改革新航程的时代号角，中国改革开放事业迎来了又一个春天。农村改革和发展，也进入了一个新的阶段。党中央和国务院进一步要求"全党要始终高度重视农业、农村和农民工作"，制定和实施《九十年代中国农业发展纲要》，并制定和实施了关于农业和农村经济发展的十二项政策措施，强调要坚持把农业放在经济工作的首位，着力稳定农村家庭联产承包责任制这个党在农村政策的基石，决定在原定的耕地承包期到期之后，再延长三十年不变。开垦荒地、营造林地、治沙改土等从事开发性生产的，承包期可以更长。提倡在承包期内实行"增人不增地，减人不减地"的办法，同时"允许土地的使用权依法有偿转让"，以此调动农民生产积极性，确保农业发展和农村社会稳定。与此同时，党和政府在这一时期还积极建立和发展农村社会主义市场经济体系，加快建立农产品市场体系和农业的社会化服务体系，大力推进农业和农村经济结构的战略性调整,积极发展农村的第二、第三产业,充分挖掘农村经济的增长潜力,以此促进农民收入的增长。针对这时期出现的日益严重的农民负担问题,党的十五届三中全会决定把"坚持多予少取,让农民得到更多实惠"作为农民负担政策的方针,对农民负担的具体政策进行了改进。同时,为从根本上减轻农民负担,中央开始积极探索农村的税费改革问题。这一时期,中央还加大了扶贫工作力度,动员全社会力量,打好扶贫开发攻坚战。大批农村贫困人口解决了温饱问题。

进入新世纪后,农村改革有了新的思路,农村面貌得到很大改善,亿万农民群众得到很大实惠,生产积极性得到充分发挥,农业农村发展实现了历史性跨越,迎来了又一个黄金期。十六大以后,中央明确提出了全面建设小康社会的目标任务,确立起了统筹城乡经济社会发展的战略理念,并把解决好"三农"问题作为全党工作的重中之重,以一系列重大改革促进了农业发展,农民增收,农村进步。党中央继续稳定和完善农村土地政策,大力推进农村经济结构调整,让农民从产业化经营中得到更多实惠。从2006年起,国家全面取消农业税,终结了传统农业社会遗留的税赋制度,消除了对农民的不合理税赋负担,为全面深化农村改革奠定了基础。尤其是2008年10月,党的十七届三中全会通过了《中共中央关于推进农村改革发展若干重大问题的决定》,系统阐发了切实推进城乡统筹发展的大战略和大思路。《决定》要求,全党要适应农村改革发展新形势,顺应亿万农民过上美好生活新期待,抓住时机、乘势而上,努力开辟中国特色农业现代化的广阔道路，奋力开创社会主义新农村建设的崭新局面。《决定》特别强调：要着力破除城乡二元结构，形成城乡经济社会发展一体化新格局。要坚持工业反哺农业，城市支持农村和多予少取放活的方针，创新体制机制，加强农业基础，增加农民收入，切实保障农民权益，始终把实现好、维护好、发展好广大农民的根本利益作为农村一切工作的出发点和落脚点。城乡发展一体化战略的提出和实施，为破解"三农"难题提供了科学理念，指明了正确方向，打开了中国农村发展的全新局面。

党的十八大以后，党和政府加速改善农村民生，办了许多深得民心的大事好事，城乡一体化发展的步伐加快。2013年党的十八届三中全会强调："必须健全体制机制，形成以工促农、以城带乡、工农互惠、城乡一体的新型工农城乡关系，让广大农民平等参与现代化进程、共同分享现代化成果。"①城乡统筹发展战略的深入推进和各种强农惠农富农政策的有效实施，进一步夯实了农民的利益保障机制。为农村的快速发展开辟了广阔道路，中国农村发展出现了新格局和新气象。

历史表明，维护农民利益，发挥广大农民的积极性，这是中国共产党的一个光荣传统，也是中国共产党成立九十多年以来的成功之道，是党能够始终得到农民支持，赢得民心，获得战略主动，不断将自身的事业推向胜利的一个基本经验。而党在认识和处理"三农"问题上所经历的长期性、曲折性和

---

① 《十八大以来重要文献选编》（上），中央文献出版社 2014 年版，523 页。

艰难性过程也表明,党的农村政策是否正确有效,是否符合农村发展的需要,是否深得民心,最根本的检验标准,就是要看这些政策措施是否体现和实现了广大农民的利益需求,能否充分调动农民的积极性。这是我们党经历长期探索同时又花了很大代价才认识到的历史真理。

二、推进农村发展和维护农民利益依然任重道远

2012年11月,党的十八大明确提出"两个一百年"的宏伟目标:在中国共产党成立一百年时全面建成小康社会,在新中国成立一百年时建成富强民主文明和谐的社会主义现代化国家。如期全面建成小康社会,任务十分紧迫和艰巨,需要党和国家在各个领域采取有力措施,而做好"三农"工作,依然是全党工作的重中之重。

农业农村农民至今仍然是我国社会主义建设的短板,实现全面建成小康社会目标,重点和难点就在于实现农村地区的全面小康。农村地区要实现全面小康,必须依赖于农村的持续发展和农民利益的不断增长。在我国农业农村发展环境发生重大变化的新形势下,做好"三农"工作,维护和发展农民利益,既有新的机遇和有利条件,也面临着许多新矛盾、新挑战和新使命。

从有利条件来看,现阶段我国农村发展和农民利益增长拥有多方面的驱动力。一是加快补齐农业农村短板,全面建成小康社会,已经成为全党共识,这就为开创"三农"工作新局面汇聚起了强大推动力。二是新型城镇化的加快推进,为

以工促农、以城带乡带来持续牵引力。三是农产品需求总量的刚性增长、城乡居民消费结构的快速升级，为拓展农业农村发展空间增添巨大带动力。四是新一轮科技革命和产业变革正在孕育兴起，为我国农业的转型升级和农民利益的增长注入了强劲驱动力。五是农村各项改革的全面展开和深入推进，为农业农村现代化和农民利益的持续增长提供着不竭动力。这五种力量的不断蓄积和迸发，使新时期我国农业农村发展和农民增收，具备了有利条件和重要机遇。

从问题和挑战来看，现阶段我国"三农"工作和农民利益面临着非常复杂的形势。旧的结构性矛盾依然存在，新问题和新矛盾不断呈现。在新旧矛盾交织的复杂情势下，如何才能进一步推进农村发展，切实维护和发展广大农民利益，成为全党必须应对的重大挑战。

现阶段我国农村的发展和农民的利益依然受制于旧的体制和结构性矛盾。三十多年的农村改革给农村带来了巨大变化，但仍然存在不少需要花大力气才能破解的旧体制和旧矛盾。这包括：我国长期存在的城乡二元结构尽管已有松动，但依然从根本上阻碍着农民公平参与现代化建设和平等分享经济社会发展的"蛋糕"，严重束缚农民积极性、主动性和创造性的发挥；农村社会组织结构松散低效，依靠分散的农民农户，难以有效应对大市场；农民文化水平和生产能力还不适应经济社会发展新形势，在社会主义新农村建设中发挥的主体作用严重不足；农民工的权利保障依然薄弱，城市对农民工往往是经济上依赖，社会上排斥；农民工难以融入城市，成为新市民；农村教育、文化、医疗卫生和社会保障等社会事业发展滞后,基础设施不完善,人居环境不适应需求;农村还有大量人口属于扶贫对象;农村治安状况不容乐观,一些地方违法犯罪活动仍然不少,黑恶势力活动时有发生,邪教和利用宗教进行非法活动仍然存在;一些地方干群关系紧张,侵害农民合法权益的事件仍时有发生,等等。这些问题需要下大力气解决。

不仅如此,现阶段我国"三农"工作还面临新的态势和新的使命。

第一,伴随工业化、信息化和城镇化的深入推进,我国农业农村发展正在进入新的阶段。农村改革发展面临的环境更加复杂、困难挑战增多。尤其是近两年来,我国的经济发展进入新常态,正从高速增长转向中高速增长,如何在经济增速放缓背景下继续推进农村改革发展、促进农民增收,加快缩小城乡差距,确保如期全面建成小康社会,既是我们必须完成的历史性任务,也是一个必须破解的重大课题。

第二,我国农业资源短缺,开发过度、污染加重,近年来人多地少水缺等矛盾更是日渐加剧。在资源环境约束趋紧背景下,如何加快转变农业发展方式,确保粮食等重要农产品有效供给和质量安全,提升农业可持续发展能力,实现绿色发展和资源永续利用,是我们面临的一个重大挑战,是需要不断探索和努力破解的现实难题。

第三,在国内大宗农产品价格普遍高于国际市场,农业生产成本快速攀升的"双重挤压"下,如何保护农民的种粮积极性,创新农业支持保护政策,提升农业竞争力,是必须面对的一个重大考验。进入新世纪以来,特别是2010年以来,我国主要农产品进口的品种在扩大，数量也在增长。之所以大量进口农产品，除了某些农产品国内供求有缺口外，主要原因就是不少农产品的国际市场价格要比国内价格低。从价格的角度来看，我国大宗农产品在国际上缺乏竞争力。我国自产的农产品价格已没有多大上升空间，这严重威胁着农民的种粮积极性。此外，近些年来我国农业综合生产成本上升很快，导致农业生产的成本收益结构发生了巨大变化。由于化肥、农药、种子等农资价格上涨幅度快于粮价上涨幅度，种粮比较效益越来越低。农民种粮的收入往往比不上外出打工，这对农民的种粮积极性是一个很大的打击。正如习近平总书记所说："农民愿不愿意种粮、愿意种多少粮，关键看种粮能给农民带来多少收益。"①怎样才能在新的形势下强化农业支持保护制度，保护农民的种粮积极性，实现农民增收和粮食增产同步发展，如何统筹利用国际国内两个市场、两种资源，提升我国农业竞争力，赢得农业发展的主动权，这些都是必须应对的重大挑战。

　　第四，保障国家粮食安全和重要农产品有效供给的任务依然艰巨。尽管从 2004 年以来，我国粮食实现了多年连续增产，但总体看，我国粮食安全基础仍不稳固，粮食安全形势依然严峻。我们无论什么时候都不能轻言粮食过关了。即使国际市场现在能够满足我们的粮食需求量，我们也绝不能走依赖国际市场的歧路，否则风险太高了。民以食为天，我国 13 亿多张嘴要吃饭，一旦粮食出现大问题，就会彻底陷于

---

①《十八大以来重要文献选编》（上），中央文献出版社 2014 年版，第 664 页。

被动。解决 13 亿人吃饭问题,必须要坚持立足国内,任何时候都不能放松粮食生产,只有这样,我们才能把饭碗牢牢端在自己手里。

第五,在城镇化加速背景下,如何加快新农村建设步伐,实现城乡共同繁荣,是必须解决好的一个重大问题。城镇化的加速带来了城乡资源要素流动加速,城乡互动联系不断增强,城乡发展加快融合。这有利于进一步建立健全城乡要素平等交换机制,切实缩小城乡区域差距和居民收入分配差距。但我们也要看到,城镇化的快速推进,导致农业资源要素流失加快。这些年,工业化、城镇化占用了大量耕地。尽管国家对耕地有占补平衡的法律规定,但占多补少,占优补劣、占近补远、占水田补旱地等情况普遍存在,特别是很多旱涝保收的高标准农田也被成片占用。农村耕地的快速非农化,必然给农业农村的持续发展带来严重危害。因为耕地是粮食生产的命根子。农民可以非农化,但耕地不能非农化。如果耕地都非农化了,我们赖以吃饭的家底就没有了。

第六,农村劳动力大量流动,农户兼业化、村庄空心化、人口老龄化趋势十分明显。尽管农村劳动力大量外出就业有利于增加农民收入,但也带来了农村的空心化和人口老龄化。这已经严重地影响了农业和农村的持续发展,使得"谁来种地"等问题十分现实地摆在我们面前。习近平总书记对此担忧地说:"我到农村调研,在很多村子看到的多是老年人和小孩,年轻人不多,青壮年男性劳动力更是寥寥无几。留在农村的是'三八六一九九部队'。出去的不愿回乡干农业,留下的不安心搞农业，再过十年、二十年，谁来种地？农业后继乏人问题严重，这的确不是杞人忧天啊！"[①]他指出："解决好'谁来种地'问题，对我国农业农村发展的影响将是深远的，对整个经济社会发展的影响也是非常大的。我们要从战略层面上高度重视，积极有效加以应对。"[②]

第七，我国经济社会发展正处在转型期，城乡利益格局深刻调整，农村经济社会结构加速转型，农民思想观念深刻变化。这既为农村发展带来巨大动力，也给农村社会治理带来了新挑战。特别是农村利益主体、社会阶层分化日趋多元化，农民利益诉求多元，各类组织活动和诉求明显增多，导致农村社会矛盾和问题复杂多变，进一步加强农村基层党组织的领导，创新农村社会管理体制机制势在必行。

中国城乡社会正在经历前所未有的大变化。我们必须深刻认识农村面临的新形势和新任务，增强忧患意识，未雨绸缪，奋力前行，才能不断推进农村发展，有效维护和发展广大农民的利益。

三、全面深化农村改革，积极构建切实有效的农民利益实现机制

2013 年 12 月习近平总书记在中央农村工作会议上指出："小康不小康，关键看老乡。一定要看到，农业还是'四化

---

① 《十八大以来重要文献选编》（上），中央文献出版社 2014 年版，第 678 页。
② 《十八大以来重要文献选编》（上），中央文献出版社 2014 年版，第 678 页。

同步'的短腿,农村还是全面建成小康社会的短板。中国要强,农业必须强;中国要美,农村必须美;中国要富,农民必须富。农业基础稳固,农村和谐稳定,农民安居乐业,整个大局就有保障,各项工作都会比较主动。"①"必须看到,我国幅员辽阔,人口众多,大部分国土面积是农村,即使将来城镇化水平到了百分之七十,还会有四五亿人生活在农村。为此,要继续推进社会主义新农村建设,为农民建设幸福家园和美丽乡村。"②推进农业农村发展,维护农民利益,充分调动农民的积极性,始终是全面建成小康社会的基础。

在新的形势下,推进农村发展和维护农民利益的关键,在于坚持党的正确领导,按照中央确定的城乡统筹发展战略,采取有力举措,全面深化农村改革,进一步解放和发展农村社会生产力。只有加快城乡一体化发展的步伐,努力破解农村经济社会发展中的重点和难点问题,建构合理有效的农民利益实现机制,夯实维护和发展农民利益的现实制度基础,农民的利益才能得到有效增进,农民的积极性才能得到充分发挥,农业才能持续发展,农村才有更美好的未来。

第一,必须全面深化农村改革。改革是农村发展的根本动力,是实现和维护农民利益的根本要求。在新的形势下,要深入推进农村改革,需要把握好如下基本原则:要坚持社会主义市场经济改革方向,更好地处理政府和市场的关系,进一步激发农村经济社会活力;要鼓励探索创新,在明确底

---

① 《十八大以来重要文献选编》(上),中央文献出版社 2014 年版,658 页。
② 《十八大以来重要文献选编》(上),中央文献出版社 2014 年版,682 页。

线的前提下，支持地方先行先试，尊重农民群众实践创造；要因地制宜、循序渐进，不搞"一刀切"、不追求一步到位，允许采取差异性、过渡性的制度和政策安排；要城乡统筹联动，赋予农民更多财产权利，推进城乡要素平等交换和公共资源均衡配置，让农民平等参与现代化进程，共同分享现代化成果。

全面深化农村改革是一项复杂艰巨的系统工程，既要力求稳妥，又需不断奋进。我们必须以中国特色社会主义理论体系为指导，按照稳定政策、改革创新、持续发展的总要求，力争在农村发展体制机制创新上取得新成就，在优化农业结构上开辟新途径，在转变农业发展方式上实现新突破，在促进农民增收上获得新成效，在建设新农村上迈出新步伐。

第二，必须加快转变农业发展方式，建立农业可持续发展长效机制。"中国要强，农业必须强。做强农业，必须尽快从主要追求产量和依赖资源消耗的粗放经营转到数量质量效益并重、注重提高竞争力、注重农业科技创新、注重可持续的集约发展上来，走产出高效、产品安全、资源节约、环境友好的现代农业发展道路。"[1]要走这样的现代农业发展道路，需要进行多方面的努力。要努力夯实现代农业物质基础，不断增强粮食生产能力，确保国家粮食安全；要深入推进农业结构调整，科学确定主要农产品自给水平，合理安排农业产业发展优先序，立足各地资源优势，大力培育特色农业，推进农业综合开发布局调整；要大力提升农产品质量和食品安全水平，加强农产品质量和食品安全监管能力建设，大力推进

---

[1]《十八大以来重要文献选编》(中)，中央文献出版社 2016 年版，274 页。

农业标准化生产,大力发展名特优新农产品,培育知名品牌;要进一步强化农业科技创新驱动作用;要积极创新农产品流通方式,提高农产品流通效率,加快全国农产品市场体系转型升级,着力加强设施建设和配套服务,健全交易制度;要加强农业生态治理,促进生态友好型农业发展。必须认真实施农业环境突出问题治理总体规划和农业可持续发展规划,进一步开展农业资源休养生息试点。各地应当严格落实耕地保护制度、节约集约用地制度、水资源管理制度、环境保护制度,加大生态保护力度,加强农业面源污染治理,大力推动农业循环经济发展;要完善农产品市场调控,提高统筹利用国际国内两个市场两种资源的能力。应进一步加强农产品进出口调控,支持优势农产品出口,把握好农产品进口的规模和节奏,加快培育具有国际竞争力的农业企业集团,抓紧制定农业对外合作规划,创新农业对外合作模式。

第三,必须围绕促进农民增收,不断加大强农惠农富农政策力度。"中国要富,农民必须富。富裕农民,必须充分挖掘农业内部增收潜力,开发农村二三产业增收空间,拓宽农村外部增收渠道,加大政策助农增收力度,努力在经济发展新常态下保持城乡居民收入差距持续缩小的势头。"①这需要做好如下方面的工作。要优先保证农业农村投入。增加农民收入,必须明确政府对改善农业农村发展条件的责任,着力构建"三农"投入稳定增长长效机制,持续增加财政农业农村支出,中央基建投资须继续向"三农"倾斜。同时努力优

---

①《十八大以来重要文献选编》(中),中央文献出版社 2016 年版,278 页。

化财政支农支出结构，重点支持农民增收、农村重大改革、农业基础设施建设、农业结构调整、农业可持续发展、农村民生改善；要提高农业补贴政策效能，健全国家对农业的支持保护体系，加大农业补贴力度。必须保持农业补贴政策的连续性和稳定性，充分发挥政策惠农增收效应，继续实施种粮农民直接补贴、良种补贴、农机具购置补贴、农资综合补贴等政策。必须进一步提高补贴的精准性和指向性，继续健全粮食主产区利益补偿、耕地保护补偿、生态补偿制度；要完善农产品价格形成机制，逐步建立起农产品目标价格制度。在市场价格过高时补贴低收入消费者，在市场价格低于目标价格时，按差价补贴生产者，以此切实保障农民收益；要健全农业社会化服务体系，帮助农民降成本、控风险、有效增加收益；要推进农村一、二、三产业融合发展。必须利用现代科技延长农业产业链、提高农业附加值。各地应当立足当地资源优势，以市场需求为导向，大力发展特色种养业、农产品加工业、农村服务业等。同时还需积极开发农业多种功能，挖掘乡村生态休闲、旅游观光、文化教育价值。只有充分激活农村要素资源，农民的财产性收入才会较快增加；要拓宽农村外部增收渠道，进一步促进农民转移就业和创业。各地应当大力实施农民工职业技能提升计划，认真落实同工同酬政策，依法保障农民工劳动报酬权益，建立农民工工资正常支付的长效机制，保障进城农民工及其随迁家属平等享受城镇基本公共服务的权利。必须进一步优化中西部地区中小城市、小城镇产业发展环境，为农民就地就近就业创造条件，同时要积极引导和鼓励有技能、资金和管理经验的农民工返乡创业;要大力推进农村扶贫开发,加快农村贫困人口脱贫致富步伐。特别是要以集中连片特困地区为重点,打好扶贫开发攻坚战。

第四、必须围绕城乡发展一体化,深入推进新农村建设。农村要实现繁荣,必须坚持不懈推进社会主义新农村建设,进一步改进农村公共服务机制,积极推进城乡公共资源均衡配置。按照提高水平、完善机制、逐步并轨的要求,大力推动社会事业发展和基础设施建设向农村倾斜,努力缩小城乡差距。这需要特别注意搞好如下方面的工作。要加大农村基础设施建设力度;要大力提升农村公共服务水平。全面改善农村义务教育薄弱学校基本办学条件,提高农村学校教学质量。积极发展农业职业教育,大力培养新型职业农民。全面开展城乡居民大病保险,加强农村基层基本医疗、公共卫生能力和乡村医生队伍建设。进一步加强农村最低生活保障制度规范管理,落实统一的城乡居民基本养老保险制度。大力支持建设多种农村养老服务和文化体育设施;要全面推进农村人居环境整治,建设美丽乡村。完善县域村镇体系规划,加快编制村庄规划,切实改善村庄人居环境,搞好农村公共服务设施配套。村庄整治要有序推进,防止违背农民意愿大规模撤并村庄、大拆大建;要引导和鼓励社会资本投向农村建设;要加强农村思想道德建设,提升农村社会文明程度。提高农民综合素质,彻底破除一些农民"等靠要"的错误念头,激发广大农民建设美好家园的积极性。创新乡土文化,吸引和凝聚各方人士支持乡村建设,传承乡村文明;要切实加强农村基层党建工作,充分发挥农村基层党组织在新农村建设中的战斗堡垒作用。

第五，必须进一步激发农村经济社会发展活力。农村要健康发展，农民要持续增收，必须通过进一步的改革创新，充分激发农村经济社会的发展活力。这需要认真开展如下方面的工作。要加快构建新型农业经营体系。坚持和完善农村基本经营制度是构建新型农业经营体系的基础。必须坚持农民家庭经营主体地位，坚持依法自愿有偿原则，引导土地经营权规范有序流转，创新土地流转和规模经营方式，积极发展多种形式适度规模经营。土地流转不得硬性下指标、强制推动。培育新型农业经营主体是构建新型农业经营体系的关键。必须鼓励发展规模适度的农户家庭农场，完善对粮食生产规模经营主体的支持服务体系。推进农业产业化示范基地建设和龙头企业转型升级，引导农民以土地经营权入股合作社和龙头企业。鼓励工商资本发展适合企业化经营的现代种养业、农产品加工流通和农业社会化服务。同时需尽快制定工商资本租赁农地的准入和监管办法。要大力提高农民组织化程度，按照积极发展、逐步规范、强化扶持、提升素质的要求，加快发展农民合作社，切实提高其引领带动和市场竞争的能力。要积极推进农村集体产权制度改革，有效保障农民财产权利。积极探索农村集体所有制有效实现形式，创新农村集体经济运行机制，建立起归属清晰、权能完整、流转顺畅、保护严格的农村集体产权制度。按照中央统一部署，审慎稳妥推进农村土地制度改革，依法保障农民的土地承包权、宅基地使用权、集体收益分配权。要加快推进征地制度改革，缩小征地范围，规范征地程序，完善对被征地农民合理、规范、多元保障机制。确保被征地农民生活水平有提高，长远生计有保障；要加快农村金融体制创新。强化金融机构服务"三农"职责，推动金融资源继续向"三农"倾斜，确保农业信贷总量持续增加、涉农贷款比例不降低。鼓励各类商业银行创新"三农"金融服务。发展新型农村合作金融组织。加大农业保险支持力度，强化农村普惠金融。要创新和完善乡村治理机制。加强农村基层党组织建设，健全基层民主制度，创新基层管理服务。同时积极构建农村立体化社会治安防控体系，推进平安乡镇、平安村庄建设。

促进农村发展，增进农民利益，调动农民积极性，是经国之大事，不朽之伟业。其进展和成效决定着亿万中国农民的福祉，关系到国家的稳定和发展。做好这项工作，不但需要有科学的理念，坚强的领导和有力的举措，更需要从事"三农"工作的广大党员干部和各级组织具有非凡的恒心和毅力。只要党的各级组织和干部坚守为民谋利之心，能够为农民利益长期开展扎实的创造性的工作，必然能够有力维护和发展农民的利益，有效调动广大农民的积极性。随着农民利益的不断增进和积极性的充分发挥，广袤的农村大地必然会焕发出新的勃勃生机，全面建成小康社会的宏伟蓝图也必然变为美好的现实。

第七章　传统融合现代，建设乡村文化

——构建农民的精神家园

　　农村从来不是文化的沙漠，反而可以说是滋养农业文明的沃土。有多少离开农村的人们，总是在内心深处藏着一缕淡淡的乡愁。又有多少人，不管走了多远的路，依然魂牵梦绕着乡村生活的画卷。随着现代文明的变迁，乡村文化或许有些凋零。让传统融合现代，建设乡村文化，是打造农民精神家园的一条新路径。

一、从"什么是文化"说开去

　　什么是文化？人们从不同的角度对文化进行了数百种定义，归纳起来主要是：文化是人的一种生活方式，包括生产方式、生活形态、价值观念、思维方式、审美情趣、道德情操、宗教信仰等等，以及在这些观念指导下所形成的制度。根据《现代汉语词典》的解释，文化是人类在社会历史发展中创造的物质财富和精神财富的总和。而从作用和功能的角度给文化下定义可以更容易把握文化的本质。什么是文化？文化即人化，文化的作用是将人从不是人化成人。当我们赤条条地来到这个世界的时候，我们事实上只是一个未开化的动物，仅仅具有动物的本能，但是通过文化的提升和塑造，人从普通的动物世界被提升出来，使人从本能状态变成拥有丰富精神世界的人的状态。人和动物的本质区别就在于人有文化，文化追求的目的和最终要达到的结果，都在于一个人字。文化有两种基本属性，即民族性和时代性。民族性是文化最重要的属性，一个民族的人们，由于共同的生活、共同的地域，有了共同的语言和文字，形成了一些共同的心理状态，这就是文化的民族性；文化的时代性是指随着实践的发展、时代的变迁，文化会不断地向前发展。这就要求人们必须不断地更新自己的观念、改变自己的行为，去适应、回应和引领变化着的世界。

众所周知，中华文明是从古代留存至今的文明。中国自古以农立国，长期的农业社会积淀升华而成的中华文明其内核是农业文明。但是伴随着现代化、工业化的进程，各种文化相互碰撞，依托于先进生产力和外来文化的刺激，城市文化获得了巨大的创新和发展，逐渐成为中国社会的主流文化，而乡村文化日渐式微。尽管如此，不可否认的是，乡村文化是现代文明的母体，前者为后者的形成发展提供了色彩缤纷的精神资源和文化基础。继承传统文明，才能实现文化创新；弘扬乡村文化，现代文明才能持续进步；中华文化博大精深、源远流长，文化纽带不可割裂。在全面建成小康社会伟大实践中，乡村文明需要持续不断地在地区之间甚至是国际之间传播、交融和升华，使之成为现代社会发展取之不尽的宝藏，激发农民创造活力的动力源泉，广大农民群众的心灵归宿和幸福家园。

二、发展农村先进文化,打造全面小康动力引擎

习近平总书记指出:一个国家、一个民族的强盛,总是以文化兴盛为支撑的,中华民族伟大复兴需要以中华文化发展繁荣为条件。全面建成小康社会奋斗目标的实现,同样需要创造文化条件、提供思想支撑。

(一) 农村先进文化是农村全面小康的根本动力

历史是最好的老师,给每一个国家未来的发展提供启示。古今中外,一个国家强大与否,能不能崛起,不只看它的经济实力、军事实力,更要看思想文化的力量。近代以来西方发达国家在科学技术、经济发展水平等方面领先于世界,可是在中世纪之前却长期落后于中国。正是从欧洲文艺复兴开始,由于有了科学、艺术的进步及先进思想文化的兴起,才引发了工业革命和资产阶级革命,进而逐渐实现了欧洲资本主义国家崛起。建设中国特色的社会主义,实现中华民族伟大复兴,一定要认识到历史发展的规律,不仅重视物质技术的基础作用,更应该看到民族的真正复兴必然依赖于先进文化的发展繁荣。但"以经济建设为中心"已形成全民共识,而思想文化建设的重要性远远没有形成共识,有鉴于此,习近平总书记在 2013 年全国宣传工作会议上强调:经济建设是党的中心工作,但是意识形态工作是党的一项极端重要的工作。中共十八大着眼于全面建成小康社会的目标,对推进中国特色社会主义事业作出了"五位一体"的总体布局,文化

建设是其中重要的方面。农村先进文化建设既是农村全面小康的基本内容，又是实现全面小康的先决条件和根本动力。

(二) 农村先进文化为实现农村全面小康提供强大的精神动力和智力支持

农村思想文化阵地，社会主义先进文化不去占领，封建主义、资本主义等非无产阶级思想文化必然会去占领。新农村建设是社会主义的新农村建设，全面建成小康社会是中国特色社会主义现代化的战略目标，只有用先进思想文化武装起来的全面小康才能保证正确的前进方向，而不走入歧途。通过大力加强农村先进文化建设，坚持用社会主义意识形态占领农村思想文化阵地、武装农民头脑，才能为农村全面小康坚持社会主义方向提供可靠的思想保证和精神动力。

同时，文化作为一种精神力量，可以在农民认识世界和改造自然的过程中转化为物质力量，对社会生产力产生深刻影响。全面建成小康社会的根本任务是解放和发展生产力，而人是生产力中具有决定力量的因素。发展先进生产力必须不断提高农民的思想道德素质和科学文化素质，不断提高他们的劳动技能和创造才能。当代农民虽然在思想观念、政治倾向、文化素质、思维方式等方面有了历史性的进步，但与农业现代化的要求仍不相适应，只有用现代的发展理念引导农民增强创新意识、革新生活愿望，使其接受新的观念，他们才能真正成为市场主体；农业现代化的目标是使农业由自然经济的农业转变为高度社会化、商品化、专业化的农业,大幅度提高农产品的产量和质量,合理开发保护农村生态资源,这项工作只有具有高度社会责任感和现代观念的新型农民才能承担起来。农村文化建设实际上是一个不断满足农民精神文化需要、促进农民素质由传统向现代转型的过程,是重要的农村建设智力投资。文化的哺育和支撑是农业发展、农村进步与农民致富的关键因素。

(三) 农村先进文化是提高农民素质,实现农村和谐的重要途径

1981 年党的十一届六中全会指出,社会主义初级阶段中国社会的主要矛盾是人民日益增长的物质文化需要同落后的社会生产之间的矛盾,这个主要矛盾贯穿于中国社会主义初级阶段的全过程和社会生活的各个方面。城乡二元结构背景下这一矛盾在农村尤为突出。这个矛盾的实质是中国人自身发展过程中的矛盾,是人创造物质文化的能力比较低,满足不了人们的物质文化需要。解决社会主义初级阶段的主要矛盾,实质是解决人自身发展的矛盾,不断提升人创造物质文化的能力,实现人的全面发展。文化是实现农民全面发展的重要内容,是中国人民特别是广大农民的根本利益和愿望所在,是解决当代中国社会主要矛盾,进一步改善农民的发展状况、提升当代农民的发展水平的需要。

文化匮乏是一切落后的根源。没有文化的人往往很固执、认死理,不能辩证地认识和看待社会问题,更不能传递社会正能量;很多傻事是没有文化的恶果,很多犯罪来源于愚

昧和无知,很多疾病来自错误的生活方式,很多悲剧是野蛮粗暴的结果,很多贫困是文盲、法盲、科盲导致。实践证明,没有先进文化的指引,农民无法处理好人与人、人与自然、人与社会的关系,甚至人自身都难以实现和谐发展。融思想观念、理想信念、社会风尚、行为规范于一体的农村先进文化建设,是维系农村民族团结、农村和谐、农村经济发展的精神纽带。

(四) 建设先进农村文化是提升农村软实力的需要

一个国家硬实力不行会一打就垮,这个国家文化软实力不行会不打自败。党的十八大报告提出扎实推进社会主义文化强国建设,突出了文化软实力建设的战略地位。先进文化建设是新农村之魂,是农村全面小康软实力的重要组成要素。农村的文化软实力是由农民的传统、习俗、核心价值观、伦理道德、宗教信仰、思维方式、生产生活方式、民族性格等因素整合而成的,它勾勒出农村的整体形象。农村的文化软实力越强,农村、农民的整体形象对于外界就越有吸引力和亲和力,甚至会对外部世界产生强大竞争力、协调力、融合力甚至是扩张渗透力,从而减少外界对农民、农村的负面误读、怀疑和误解;可以加强农村与外部社会的交融互惠,可以吸引外部力量共同建设社会主义新农村;可以更好地传播农民声音,展示良好的农村风貌,营造良好的新农村建设环境。同时,农村文化软实力可以赋予广大农民源源不断的进取力量,使广大农村生生不息、生机盎然;可以给农民带来享受,赋予农民生产生活以意义,使农民在全面建成小康社会实践中实现自己的价值,构建安身立命的精神家园。通过先进文化建设,依托乡村的自然景观、民俗风情等独特优势,使农村软实力显现出来,为农村全面小康提供深层的文化动因和持久的发展力量。

三、传统融合现代,建设乡村文化

中华民族拥有五千年文明史,传统优秀文化凝聚着中国人自强不息的精神追求和历久弥新的精神财富,是社会主义先进文化的雄厚基础,是实现全面小康社会的重要支撑。党的十八大提出"建设优秀传统文化传承体系,弘扬中华优秀传统文化"的重大任务。一个缺少文化底蕴、不能进行文化创新的民族很难持续发展。

(一) 传承优秀乡村传统文化

传统与现代是辩证的统一体。中华民族富有生机、聪明智慧根本原因在于几千年来几度兴衰成败、几度覆亡、几度重建中经久不衰、繁衍传承的优秀传统文化,中国悠久的农耕文化是中国农民最突出和独特的优势。在对农村文化进行现代性重建时,需要辩证对待中国传统文化,继承和发扬优秀乡村传统文化。农村优秀传统文化具有跨越时空、超越国度、蕴含着当代价值和普世意义的文化基因。全面建成小康社会要获得广大农民的心理认同并转化为他们的自觉行动,不能忽视与有着数千年农耕文明历史和儒、道等传统文化影响的农村传统文化。农村传统文化有鲜明的民族、地域特色,生活在特定地域、特定民族的人们在日积月累的生活实践中获得的一种能力和习惯,已经熔铸在社会生活的各个方面,成为农民内在的规定性,潜移默化地影响农民的生存及社会活动。传统文化是农民在传统的生产、生活中历史地获得和选择的,只有深入考察与农民生产、生活密切关联的农村传统文化,才能真正理解农民的生活世界和心理状态,促成主流意识形态和农民传统文化的良性互动。农村传统文化蕴含千古智慧,充满了思想道德等内容,诸如讲仁爱、重民本、守诚信、尚正义、爱自然、求大同等,也培养了农民勤劳、善良、诚信、重情义、乐助人等优秀品格。在经济全球化和城乡一体化发展背景下,继承和发扬优秀传统文化是满足广大农民的情感需求,增强农民身份认同的需要。

(二) 传统融合现代,建设农民精神家园

重视乡村传统文化不是要回到过去,而是要创造农村更好的未来。农村优秀文化的传承和发展说到底是一种扬弃,是一个不断改造更新、赋予新内涵和时代精神的过程。建设农村先进文化需要从全面系统地认识、科学准确地评价、批判发展地继承农村传统文化开始。农村传统文化不能简单地用好或者坏来简单判断,中国农村传统文化在滋养了农民传统美德的同时,也养成了农民自私、狭隘、功利性、民主法制意识和公民意识淡薄等劣根性;受市场经济和其他不良文化的影响,部分农民抛弃了诚实、守信、吃苦耐劳、尊老爱幼等传统品质。农村文化的迷失亟需先进文化引领农村健康发展。从经济方面看,应深入挖掘农村传统文化中如"言必

信，行必果"、"一言九鼎"、"一诺千金"等诚实守信的思想内容，弥补市场经济的不足，为社会主义市场经济健康发展服务。在政治方面，应深入挖掘"民为邦本，本固邦宁"、"大道之行也，天下为公"等传统思想，提升农民的民主法治、自由平等、公平正义等现代政治理念。在文化方面，应坚持取其精华、去其糟粕、去伪存真的原则，使优秀传统文化成为鼓舞农民前进的精神动力。在社会建设方面，深入挖掘传统文化中"德莫大于和"、"天时不如地利，地利不如人和"、"天人合一"等传统文化精髓，推动和谐社会建设。在生态文明建设方面，应深入挖掘传统文化中"道法自然"、"不涸泽而渔，不焚林而猎"等理念，提升农民尊重自然、顺应自然、保护自然的意识，实现人与自然和谐共生。在推动优秀传统文化和人类现代文明相结合中，构建农民精神家园，培养既有深厚传统文化底蕴，又有现代文明素养的新型农民。

值得注意的是，传统和现代文化融合的过程，是一个交互影响的过程。乡村文化产生于农村土壤，体现的是农村、农民生产生活状态，而城市文明是产生于现代都市的文化形态，那种简单地认为城市文化是先进文化，甚至应该用城市文化替代乡村文化的观念是不对的。应改变观念，既要消除城乡文化二元隔离状态，拆掉城乡文化交流共进的藩篱；同时也拒绝对城市文化的盲目认同和不假思索地移入。要加强城乡之间的文化交流互动，坚持取长补短，互取经验，又能保持各自特色，在农村传统文化和现代城市文明的思想衔接中，努力促进农村传统文化的现代转型。

四、新农村文化需要合力共建

党的十八大报告指出,全面建成小康社会,实现中华民族伟大复兴,必须推动社会主义文化大发展大繁荣,兴起社会主义文化建设新高潮。作为全面建成小康社会的短板,农村文化建设更需提档加速,也要全社会整体联动、共同努力。

(一) 农村体制政策改革是推动农民思想文化发展转型的强大动力

制度问题具有根本性、全局性、稳定性和长期性特征。农村体制和政策的创新,是促进农民思维方式转变、激发农民生产热情,坚定全面建成小康社会共同理想的强大动力。当年中国农村推行家庭联产承包责任制,将个人的劳动和收入挂钩,极大地调动了农民的生产积极性;社会主义市场经济体制改革目标的确立,广大农民挣脱土地束缚投身市场,办起了一个个乡镇企业,解决农业剩余劳动力的大问题,农民的市场意识、竞争意识、法治意识得到空前提高。从思想文化建设的角度来看,没有比突破传统体制束缚的体制创新更有效的文化建设方式了。从政策层面看,各项关切农民利益的政策的出台,极大地拉近了党和农民的距离,使农民深刻认识到党的执政宗旨,坚定跟党走的决心。2005 年提出建设社会主义新农村的历史任务,使农民在新农村发展战略中得到更多实惠;2006 年中国在全国范围免除农业税,对种粮农民实行补贴;十八大提出到 2020 年城乡居民人均收入比 2010 年翻一番，实现工业化、信息化、城镇化和农业现代化同步发展。对广大农民来说，没有比这些好政策更让他们激动和兴奋的了。农村体制政策的创新是农民思想文化转型发展的强大动力，因此需要不断地推进农村社会发展体制政策的创新，特别是落实好党的惠农政策。从文化发展体制本身来说，只有以壮士断腕的决心革故鼎新，拆除农村文化发展体制囚笼，让文化的骏马风入四蹄、驰骋八方，让农民文化创造的活力持续迸发，农村文化才能大繁荣大发展。

（二）用社会主义核心价值观构筑农民魂之定所、行之归依

"人类社会发展的历史表明，对一个民族、一个国家来说，最持久、最深层的力量是全社会共同认可的核心价值观"[1]，它是"决定文化性质和方向的最深层次要素"[2]。党的十八大提出在全社会开展"三个倡导"：倡导富强、民主、文明、和谐，倡导自由、平等、公正、法治，倡导爱国、敬业、诚信、友善，积极培育和践行社会主义核心价值观。社会主义核心价值观是反映我国各族人民共同认同的价值观的"最大公约数"，深刻回答了我们要建设什么样的国家、建设什么样的社会、培育什么样的公民的重大问题。全面建成小康社会要把广大农民的意志和力量凝聚起来，必须有一套和经济基础、政治制度相适应且能形成广泛共识的核心价值观。如果没

---

[1]《习近平总书记系列重要讲话读本》，学习出版社、人民出版社 2016 年版，第 189 页。

[2]《习近平总书记系列重要讲话读本》，学习出版社、人民出版社 2016 年版，第 189 页。

有共同认可的核心价值观,广大农民群众就会魂无定所、行无依归,农村也不可能实现和谐进步。一个社会的乱,最根本的乱,是人心之乱、标准之乱,是非判断都没有了,怎么可能不乱呢? 有些农民特别是文化知识水平低的农民,由于改革所带来的社会生活的巨大变化,内心世界受到了各种各样的冲击,心理出现了异化和不知所措的倾向,到底信什么好有些把握不准了,24 个字的社会主义核心价值观,明确告诉大家这个社会提倡什么,反对什么。当是非判断的标准确立起来了,农民的内心才能和谐,社会才能进步。

在广大农民群众中培育和践行社会主义核心价值观,要和农民的日常生活紧密联系起来,落细、落小、落实。区分农民层次,实行分类指导,找准与农民的思想共鸣,和农民利益的交汇点,做到贴近性、对象化、接地气。有针对性地设计载体、搭建平台,例如运用先进典型开展宣传教育;运用电影、电视、地方戏曲、传统技艺等表现形式,发挥文化、文艺的教育功能;开展正式有严肃感的典礼等载体传递社会正能量等,不断扩大社会主义核心价值观的传播和宣传力度。此外,整个社会应该营造扬善惩恶的舆论氛围,正如徐特立先生所说"为善既无善报,为恶又无恶报,何必安分守己,不做土匪强盗"。24 个字的社会主义核心价值观说说容易,但是其培育需要一个过程,需要逐步认识并努力在农民中达成共识。只有农民认同,才可能变成实际行动。在深入宣传学习社会主义核心价值观的同时,还要继续构建反映农民特色、时代特征的新的价值体系。

(三) 大力建设农村公共文化服务体系

党的十八届三中全会明确将"构建现代公共文化服务体系"作为全面深化改革的重要任务。农村公共文化服务体系建设是培育和弘扬社会主义核心价值观的重要载体,是农民的基本文化权益,也是农民幸福的重要保障。建设农村公共文化服务体系要辩证地运用政府、市场和社会三者的关系,把政府主导和社会参与有机结合,引入市场竞争机制,推动农村文化事业和文化产业的协调发展,满足农民多样化的文化消费需求。

首先,深入拓展农村公共文化服务事业。农村公共文化服务事业的重要特点在于它的公共性,其宗旨是保证每个农民能够平等地享受到农村文化发展带来的成就,这一特点决定了农村公共文化服务事业由政府来主导。为了保证广大农民的文化权益,一批重大文化惠民项目相继启动,如广播电视村村通工程、全国文化信息资源共享工程、农村电影放映工程、农家书屋工程、西部开发助学工程和电视进万家工程、农民体育健身工程等等。十八大以来,以基层特别是农村为重点,继续深入实施和拓展重点文化惠民工程服务"三农",初步建成了包括国家、省、地市、县、乡、村和城市社区在内的六级公共文化服务网络。同时,公共文化服务理念也由政府"端菜"转为群众"点菜"。内蒙古自治区"数字文化走进蒙古包",惠及农牧民 10 万多人,安徽省打造"农民文化乐园",浙江省建成农村文化礼堂 3000 多家,打造农村文化综合体。"文化民生"风生水起,公共文化服务活力进一步增强,农村公共文化服务日益完善,更广、更深地普惠农民生活。

其次,大力发展农村文化产业。文化产业指的是为社会公众提供文化产品和文化相关产品的生产活动的集合。文化产业叫无烟产业,它以非物质文化资源为加工对象,投资低、资源消耗少、无污染、高就业、辐射能量强、发展空间大,为我国转方式、调结构增添亮色,是未来经济发展的增长点和着力点。面对政府对文化设施投入增长有限的事实,必须改革农村文化体制,大力发展农村文化产业,鼓励社会资本在政策范围内,以各种形式兴办文化实体,形成以公有制为主体,多种所有制共同发展的农村文化产业格局。积极扶持具有深厚群众基础和地域特色的文化品牌,培育一批文化特色村镇,结合各地实际建设特色文化;支持农民依法兴办文化团体,积极培育植根农民、服务农民的文化载体和形式,及时总结群众文化创新经验,营造鼓励文化创造的良好氛围,让蕴藏于农民中的文化创造活力充分发挥。需要明确的是无论是农村文化事业还是文化产业都要把社会效益放在第一位,文化单位和产品的最高效益是社会效益,是文化含量。

(四) 政府主导、农民主体、全民参与共建农村新文化

中国共产党始终代表中国先进生产力的发展要求,代表中国先进文化的前进方向,代表中国最广大人民群众的根本利益。先进性是中国共产党保持执政地位、引领社会发展的基本前提,也是中国共产党的本质特征。全面建成小康社会是政府主导下基于中国社会主义初级阶段的基本国情,着眼

于发展人民根本利益提出的发展战略。农民群体是弱势群体,文化建设内部动力不足,因此农村文化全面小康的实现有赖于政府主导下先进文化的引领,将文明、高雅、时尚、享受为基本特征的先进文化多渠道、多层面、多形式地"反哺"农村,通过先进文化在农村文化中的引领和辐射,实现对农村文化的影响和渗透。

无论何时,人民群众的实践和智慧都是创新的源泉和根本,农村文化建设也是如此。农村文化建设需要发挥农民的主体作用,在生产生活中挖掘和时代发展相适应的先进文化,用与时俱进的文化价值观整合农村社会,引领农民思想价值观念。这个过程离不开拥有高度文化自觉的中国农民的创造,这一过程也是塑造具有文化自觉的中国农民,提高其主体性的过程,文化只有在这种塑造和传播过程中才会产生力量、具有意义。农村文化建设既以农民为普惠对象,同时也需要中国农民切实担当起农村文化构建的任务。广大农村蕴藏着丰富的乡土文化资源,农民中卧虎藏龙的人大有人在,充分发挥民间艺人、文化能人在传承发展民间文化,活跃农村文化生活的作用,使得农村文化建设实现从外在"输血"到自身"造血"的转变,使乡村真正成为乡村文化创新的源泉和土壤,使农民文化建设的群众基础更加巩固。政府主导、农民主体,不等于政府、农民全包。积极拓展社会参与渠道、培育多元化的社会帮扶主体,不断增强农村文化发展的内生动力,激发全社会文化创造活力,特别是乡村精英、村官、基层政府的共同努力。

五、新农村文化建设应注意的几个问题

(一) 现代乡村文化何以"落后"

马克思指出,"随着经济基础的变更,全部庞大的上层建筑也或慢或快地发生变革"①。农村文化的发展轨迹和农村经济改革的发展轨迹是同向的,但不是简单同步。中国用几十年的时间走完了发达国家几百年走过的发展历程,在城乡二元结构背景下的中国农村发展转型的程度更大。作为受封建传统思想影响时间最长、最深远的阶级,农民的传统思维方式、传统观念会长久地影响农民的思想意识,而适合农村发展转型需要的新的价值观念、道德情操等转换为农民的信仰和行为规范,则需要很长的时期。改革开放以后,农村以队为基础、三级所有的高度集权的人民公社体制逐渐被村民自治制度替代,这一农村基层治理方式大大削弱了国家对农村社会的直接控制和强力整合。特别是随着社会主义市场经济的建立和发展,农民的流动性、自由性大大增强,这一矛盾反映在文化上表现为农村传统文化的落寞和农民的文化需求的多元多样。巨大的社会转型变化导致农村社会深层次矛盾突显,反映了农民价值认同的冲突和差异,使农民在思想观念上呈现碎片化趋势,带来了理想信念的缺失和道德行为的失范;转型时期的农村社会深层次矛盾突显,新旧思想观念的碰撞和冲突,使农民心理呈现出复杂性的特点,

①《马克思恩格斯选集》第2卷,人民出版社1995年版,第33页。

大部分农民的思想跟不上现实条件的变化，出现了一系列思想问题。这种差距即是乡村文化"落后"的直接体现，即作为上层建筑的乡村文化跟不上乡村经济改革发展的步伐。建立与全面建成小康社会相匹配、与社会主义新农村建设相适应、与农村法律法规相协调、与优秀农村传统文化相承接的现代农村文化体系，是一项刻不容缓的工作。

（二）农村文化建设要尊重差异、包容多样

受中国传统文化影响最深的中国农民有其自身独特的价值观念体系，这种独特性既内化于农民的意识深层，又显现在社会生活的表层，使农民相对独立于其他社会群体。农村文化的发展应该是城乡文化相互交流互动的过程，农村文化不是依附、趋向和受控于城市文化，它应该有自己的文化话语权。切忌不加鉴别地把城市文化嫁接于农村田园，甚至用城市文化代替乡村文化。当前，农民文化消费的需求日趋增大，日益呈现出多层次、多样化、多方面的特点，因此，农村文化建设要尊重差异、包容多样，推动差别化、特色化发展。中国农村要在激烈的国际竞争中保持稳定并赢得发展机会，也必须增强独具特色的文化软实力。强调农村文化的民族、地域特色并非故意地划定一条狭隘的民族主义界限，而是作为上层建筑组成部分的农村文化，不可能不受当地的经济条件、地方利益、政治发展水平等制约，必然形成有别于其他民族和地区的特色，界定出中国农村社会的文化特征和中国各地农民独特的精神标识。

中华民族是兼容并蓄、海纳百川的民族，过去正是由于

我们尊重差异、包容多样,认真吸取和借鉴世界上不同民族的历史文化精髓,才形成了中华民族的特色文化。同样,以开放包容的心态,不搞千篇一律、一刀切,立足于农村各地特色文化资源,尊重各地的生产方式、生活习惯、传统节日、民俗风情,形成各地集思想性和艺术性于一体、具有浓郁地方特色的文化产品和文化品牌,赋予农村文化以丰富的内涵,提升农村文化品味。各地农村文化特色不同,把乡村文化汇集在一起,使其异彩纷呈、各领风骚。

(三) 农村文化建设要紧紧围绕促进农民福祉进行

只有文化滋润的田野,才能更加繁荣昌盛;只有文化熏陶的农民,才能更加幸福美满。农村文化建设是一项顺民意、惠民生、得民心的德政工程。政府利用财政力量开展各种"送文化下乡"活动和文化基础设施建设,对满足农民文化需求,培育农村文化氛围有重要意义,但是这种依靠外部力量从上而下向农村"输入"文化的行动难以真正生根、发芽。一旦政府行政力量从中撤出,这种"无根"的文化就会凋谢。各种农村文化建设活动如何从农民的浮面感受变为农民的思想文化的获得亟需破题。只有那些乐民、助民、利民能够增进农民福祉的文化,农民才会真心喜欢,愿意接受。缺少专门文化设计、一厢情愿的文化活动,往往由于缺乏农民的情感共鸣而流于形式,农民既无能力也无兴趣参与。农村文化建设需要把农民请到舞台中央,以"农民演、演农民、农民看、乐农民"的方式,为农民搭建"文化生活舞台",打造"文化娱乐家园",使其在深层愉悦中自然获得熏陶,产生情感共鸣。农村文化工作者要倾听农民呼声,了解农民生活,感受新时代的农村变化,扎根于农村社会生活现实进行文化创作,才能既紧扣时代,又接农村地气。各地政府在提供农村公共文化服务时既要提供足够的平台,营造浓郁的文化氛围,又要俯身为民,从细处着眼,了解当地的实际困难及真实需要,有针对性地提供服务,不要让文化设施成为摆设。

(四) 农村文化建设的关键是启发农民的文化自觉和文化自信

文化自觉指的是在文化上的觉悟和觉醒,包括对自身文化在历史进步中的地位的深刻认识,对文化发展规律的正确把握,对发展历史文化责任的主动担当。文化自信指的是对自身文化价值的充分肯定,对其文化生命力的坚定信念。文化自信和文化自觉相互依存,文化自信是文化自觉的必然结果,文化自觉是文化自信的基础保障。没有文化自觉,不可能做到文化自信,而缺少文化自信,文化自觉只能是装腔作势。几千年的农耕文明延续至今且依旧富有生机,其重要原因就在于中国农民一脉相承的精神追求和精神向往,归根到底在于牢不可破的文化自信,千年农耕文明也是农民文化自信的底气。文化自觉能够使人主动对自身文化进行反思,对自身文化有清醒认识,并主动承担起文化发展的历史责任和使命担当。文化自信是"更基本、更深沉、更持久的力量",这种自信能让人真正地"心悦诚服"。没有文化的自信和自觉,农民不可能有发自内心的责任担当,不可能承担起全面建成小康主体力量的历史重任,不可能对其文化发展保持坚定信心和发展希望,不可能鼓起奋发进取的勇气,克服前进路上的艰难险阻,激发创新发展的活力。说到底,中国农村文化建设的根本土壤和动力在民间,拥有高度文化自觉和文化自信的新式农民的培养和成长是农村文化生生不息的群众根基。中国农民既要有博大的胸襟和开放的气度,也要有骨气和底气,培育乡村文化自信、自觉,形成乡土文化鲜明的特色和明显优势。当然,文化生成和发展的特性,决定了农民文化的提高是一个长期的历史过程,但是我们坚信,文化自信短暂迷失之后的中国农民,必然迎来更大范围内的文化自觉。

第八章　民主要完善，法治要坚守

——筑牢农村小康社会的政治基础

建设一个民主和法治的国度，这是中国共产党领导中国人民为之长期奋斗的政治理想，是社会主义现代化建设的重要目标。改革开放以来，我国的民主法治建设事业取得了辉煌成就。人民代表大会制度、中国共产党领导的多党合作和政治协商制度、民族区域自治制度，以及基层群众自治制度等有中国特色的民主制度不断发展，依法治国成为国家的基本方略。民主和法治建设的成就，保障了中国经济社会的快速发展，有力提升了中国城乡的政治文明水平。同时，我们也要清醒地认识到，我国民主法治建设的水平还不能完全适应经济社会发展的需求和人民群众的期待，尤其是广大农村地区更是民主法治建设相对落后的领域。农村民主法治建设的动力依然不强，基础依然薄弱，农民的民主和法制意识还需大力提升。在农村全面建成小康社会过程中，在抓紧农村经济建设等中心工作的同时，需要更加关注农村的民主和法治建设，促进农村经济与政治的协同发展，以此筑牢农村小康社会建设的政治基础。

一、农村发展需要民主和法治的保驾护航

加强农村地区的民主和法治建设,对农村的健康发展和全面建成小康社会具有十分重要的意义。

第一,农村民主和法治建设是中国特色社会主义政治建设的重要组成部分。民主和法治是现代社会的核心价值理念,是我国现代化建设的基本目标。中国共产党从成立起,就高举民主的大旗,为在中国实现人民民主而奋斗。新中国人民民主专政新型政权的建立,开启了人民当家作主的新时代。我国国家政权的人民民主性质,决定了自觉推进民主法治建设事业的必要性和重要性,同时也为民主法治的不断发展奠定了坚实基础,提供了根本保障。改革开放以来,在总结建国后历史经验尤其是"文化大革命"严重教训的基础上,我国的民主法治事业进入到了新的历史时期。党的领导人高度重视民主法治建设,反复强调:人民民主是社会主义的生命,国家一切权力属于人民,没有民主就没有社会主义。与此同时,党和政府积极开展政治体制改革,大力推进民主法治建设,把民主作为社会主义现代化建设的重要内容和基本目标,将依法治国作为国家发展的基本方略,经过长期实践形成和拓展了中国特色社会主义政治发展道路。这一政治发展道路的基本内容,就是坚持党的领导、人民当家作主和依法治国的有机统一,以保证人民当家作主为根本,以增强党和国家的活力、调动人民积极性为目标。农村的民主和法治建设是中国特色社会主义政治建设的重要组成部分,是

社会主义民主和法治在广大农村的具体实践。只有不断地推进农村地区的民主法治建设，才能使整个中国特色社会主义政治建设事业顺利发展，并以民主法治建设的成效，有力保障农村各项事业的发展。

第二，农村民主和法治建设是农村治理体系和治理能力现代化的必然要求和基本路径。旧中国农村封建制度长期延续，广大农民是统治阶级压迫和剥削的主要对象，没有任何民主权利可言。毛泽东在 1939 年 12 月发表的《中国革命和中国共产党》一文中，对中国封建时代经济和政治制度的基本特点作过深刻分析。他指出，封建时代的旧中国在经济上是自给自足的自然经济，地主、贵族和皇帝作为封建的统治者，拥有最大部分的土地，而农民则很少土地，或者完全没有土地。农民实际上是农奴，受到经济上的严重剥削。保护这种封建剥削制度的权力机关是地主阶级的封建国家。"中国历代的农民，就在这种封建的经济剥削和封建的政治压迫之下，过着贫穷困苦的奴隶式的生活。农民被束缚于封建制度之下，没有人身的自由。地主对农民有随意打骂甚至处死之权，农民是没有任何政治权利的。地主阶级这样残酷的剥削和压迫所造成的农民的极端的穷苦和落后，就是中国社会几千年在经济上和社会生活上停滞不前的基本原因。"[1]新中国成立后，我国农村地区普遍建立起了基层民主政权。通过"政权下乡"和土地改革，不但彻底破除了地主土地所有制以及"乡绅自治"和保甲制度等封建制度，把广大农民从封建

①《毛泽东选集》第二卷，人民出版社 1991 年版，第 624 页。

统治中解放了出来,而且极大提高了国家对农村地区的治理能力。社会主义改造完成后,中国农村地区普遍建立起了人民公社,这有利于国家调动农村力量,推进以重工业化为中心的赶超发展战略,也有利于发展农村集体经济和建设水利设施等大型农业工程。但是随着人民公社政社合一体制的强化,广大农民的民主权利被严重束缚,经济利益受到侵犯,生产积极性遭到压抑。事实证明,人民公社制度这种农村治理体系的治理能力总体是低效的。因为它尽管有助于国家工业化的启动,但却不利于激发农民的积极性,阻碍着农村的持续健康发展。改革开放后,国家果断废除了人民公社制度,在农村恢复乡镇政权建制,同时从 1988 年开始在农村试行村民自治,由农民群众自己直接行使民主权利,管理自己村庄的公共事务。时任全国人大常委会委员长的彭真同志对村民自治这个新生的农村制度给予了很高的评价和期待。他讲:"有了村民委员会,农民群众按照民主集中制的原则,实行直接民主,要办什么,不办什么,先办什么,后办什么,都由群众自己依法决定,这是最广泛的民主实践。他们把一个村的事情管好了,逐渐就会管一个乡的事情;把一个乡的事情管好了,逐渐就会管一个县的事情,逐步锻炼、提高议政能力。八亿农民实行自治,自我管理,自我教育,自我服务,真正当家作主,是一件很了不起的事情,历史上从没有过。"①随着村民自治的广泛发展,农村逐步形成了"乡政村治"的乡村治理格局。乡镇政权和村民委员会自治组织的结合,构成了中国特色的农

---

① 《彭真文选》,人民出版社 1991 年版,第 608 页。

村政治治理模式。在这种治理体系中,乡镇政权代表的国家政治权威和法治力量保障着村民委员会的健康运行,而村民自治体现的民主参与性则构成了乡镇政权的民意基石。民主和法治是中国农村现代治理体系的核心要素和根本支撑。只有切实推进农村民主和法治建设,使广大农民依法民主管理本村的公共事务和公益事业,同时不断提高乡镇政权工作人员的民主法制意识和为民服务能力,强化乡村社会的民主和法治秩序,才能有效提升国家对农村的治理能力。

第三,民主法治建设对于农村的稳定发展和国家长治久安具有重要的保障和促进作用。在中国这样一个农业人口众多的国家,只有搞好农村的民主和法治,才能筑牢农村基层社会稳定和发展的基石。如果农村缺少了民主和法治,不但会危及农村的稳定和发展,整个国家和社会也难以实现长治久安。旧中国农村之所以周期性发生社会政治动荡,一个关键原因就在于在封建制度下广大农民没有任何民主权利,农民阶级和地主阶级的矛盾不可调和,使农村地区经常成为社会动荡的源头。地主阶级对农民的残酷剥削和压迫,必然迫使农民揭竿而起,以反抗地主阶级的统治。中国历史上从秦汉到晚清,"总计大小数百次的起义,都是农民的反抗运动,都是农民的革命战争。中国历史上的农民起义和农民战争的规模之大,是世界历史上所仅见的"①。事实证明,中国要想彻底终结历史上那种周期性的社会政治动荡,国家要实现长治久安,农村要真正成为安定祥和的"桃源",就必须彻

---

① 《毛泽东选集》第二卷,人民出版社 1991 年版,第 625 页。

底废除封建制度,给广大农民以民主权利。中国共产党从领导革命开始,就着力于破除封建政治制度,给广大农民以民主权利。新中国成立后,人民民主政权的建立为维护和发展农民权利提供了根本保障。改革开放以来,中国在不断出台和实施各种惠民利民的农村经济社会政策的同时,又注重加强农村民主法治建设,尤其是实行村民自治等农村基层民主制度,为农民广泛参与政治生活、表达政治意愿提供了制度化渠道,有效减少了乡村的社会政治冲突,推动了农村稳定和发展,为实现国家的长治久安提供了重要保证。

第四,搞好农村民主法治建设,是健全农民利益维护和实现机制,促进农村全面建成小康社会的重要保障。全面建成小康社会,是一个包括了经济建设、政治建设、文化建设、社会建设和生态文明建设在内的全面建设。农村政治建设的核心任务,就是要切实搞好农村的民主和法治工作,保障农民当家作主的权利,提高农民的法律意识,推进农村依法治理,为农村全面建成小康社会奠定坚实的政治基础。改革开放以来,党和政府通过不断加强县乡人民代表大会制度和农村基层民主管理制度的建设,让广大农民依法民主参与基层公共事务,共谋乡村发展,从而有效拓展了农民的利益表达机制和利益维护能力。同时,党和政府还不断加强农村法制建设,在"送法下乡",加强农村普法工作的同时,依法严厉打击各种侵犯农民利益的违法犯罪行为。这些都促进了农村社会秩序的安定和谐,为更好维护和发展广大农民利益,加快农民致富奔小康进程提供了坚实政治基础。

第五,加强农村民主法治建设有利于提高农民的民主法

治意识和综合素质,更好发挥广大农民在农村建设中的主体
作用。民主法治建设不但能够提高国家治理水平和更好保
障民权,而且能有效提升民众素质,激发社会的生机与活力。
通过加强城乡民主法治建设,能够有效保障人们的政治参与
权利、受教育权利、生产致富权利、自由交往权利以及言论自
由的权利,同时促进人们解放思想,开阔眼界,提升个体的主
体性和效能感,从而增强整个社会的开放性、多元性和高效
性。改革开放以来,正是通过在农村地区加强民主法治建
设,不断发展村民自治等民主制度,极大调动了农民参与基
层公共事务管理的积极性、主动性和创造性,激发了农民当
家作主,建设美好家园的自觉意识和主体意识。在基层民主
实践中,广大农民的公民意识、主人翁意识、权利意识、法制
意识、竞争意识等现代社会意识大幅提升,从而不断地为农
村发展培育着合格的主体。一大批乡村社会精英通过选举
走上了村领导岗位,在带领农民致富,建设社会主义新农村
方面发挥了重要作用。

二、农村民主法治建设的喜与忧

经过长期努力,我国农村的民主法治建设已经取得骄人
成就,呈现出良好的发展态势。

第一,我国农村的基层民主制度体系已形成并逐步成
熟。这一制度体系主要包括县乡人民代表大会制度和村民
自治制度。这两种民主制度构成了现阶段我国农民参与基
层公共事务的基本制度平台,对农村地区人民民主事业的发

展具有重要意义。人民代表大会制度在改革开放以来得以逐步健全和发展。县级和乡级人民代表大会作为国家的权力机关,是我国人民代表大会制度的重要层次。由于县乡两级人大代表均由选民直接选举产生,其离人民群众最近,最能反映基层民意,因此为基层民众尤其是广大农民提供了依法管理国家事务和社会事务的重要渠道。农村村民自治制度是党领导亿万农民建设有中国特色社会主义民主政治的伟大创造,是农村最重要的民主管理制度。按照《村民委员会组织法》的规定,村民委员会是村民实行自我管理、自我教育、自我服务的基层群众性自治组织,实行民主选举、民主决策、民主管理、民主监督。在村民自治的这四个民主中,民主选举是基础,民主决策是关键,民主管理是方式,民主监督是保障。四者缺一不可,相辅相成。村民自治体现了鲜明的直接民主特色,有益于村民依法维护和发展自身的权益。这种极具乡土特色的民主制度的兴起和发展,已经引起了社会各界的广泛关注和赞誉。

第二,我国农村法治建设成就显著。改革开放以来,我国农村依法治理工作成效明显。通过制定和颁布一系列农业法律、农业行政法规、部门规章以及一大批地方性法规和规章,我国基本形成了关于农业农村的法律体系,"三农"工作的制度化和法制化水平不断提高。与此同时,经过多年的农村普法活动,我国逐步形成了比较有效的"送法下乡"工作机制,有效提升了农民的法律意识、维权意识,以及理性地进行政治参与的意识。农村基层干部依法决策、依法办事和依法管理的能力不断提高。此外,以司法所、派出所、法庭和其他基层机构为主的基层法律服务网络基本形成，农村法律保障工作水平不断提高，执法司法环境不断改善，农村的社会政治秩序总体保持安全稳定，党和政府对农村社会的依法治理能力和治理水平大幅度提升。

第三，农村民主法治建设的指导思想、目标任务和重大原则进一步明确。进入新世纪以来，党和政府更加重视农村的民主法治工作。2008 年 10 月，党的十七届三中全会通过了《中共中央关于推进农村改革发展若干重大问题的决定》，对新时期农村民主法治建设的目标和任务提出了明确要求。《决定》强调：到 2020 年，农村改革发展的一个基本目标就是要使"农村基层组织进一步加强，村民自治制度更加完善，农民民主权利得到切实保障"，"农村社会管理体系进一步完善"。《决定》对健全农村民主管理制度提出了若干重大原则和具体任务。（1）坚持党的领导、人民当家作主、依法治国有机统一，发展农村基层民主，以扩大有序参与、推进信息公开、健全议事协商、强化权力监督为重点，加强基层政权建设，扩大村民自治范围，保障农民享有更多更切实的民主权利。（2）逐步实行城乡按相同人口比例选举人大代表，扩大农民在县乡人大代表中的比例，密切人大代表同农民的联系。（3）继续推进农村综合改革，基本完成乡镇机构改革任务，着力增强乡镇政府社会管理和公共服务职能。完善与农民政治参与积极性不断提高相适应的乡镇治理机制，实行政务公开，依法保障农民知情权、参与权、表达权、监督权。（4）健全村党组织领导的充满活力的村民自治机制，深入开展以直接选举、公正有序为基本要求的民主选举实践，以村民会议、村民代表会议、村民议事为主要形式的民主决策实践，以自我教育、自我管理、自我服务为主要目的的民主管理实践，以村务公开、财务监督、群众评议为主要内容的民主监督实践，推进村民自治制度化、规范化、程序化。（5）加强农村法制建设，完善涉农法律法规，增强依法行政能力，强化涉农执法监督和司法保护。加强农村法制宣传教育，搞好法律服务，提高农民法律意识，推进农村依法治理。（6）培育农村服务性、公益性、互助性社会组织，完善社会自治功能。（7）采取多种措施增强基层财力，逐步解决一些行政村运转困难问题，积极稳妥化解乡村债务。继续做好农民负担监督管理工作，（8）完善村民一事一议筹资筹劳办法，健全农村公益事业建设机制。这些原则性规定，准确地把握住了现阶段农村民主法制建设中的关键性、薄弱性和基础性环节，对于进一步推进农村民主法治建设，具有根本的指导作用。

第四，农村民主法治建设的动力不断增强。这种动力主要是来源于如下两方面。其一，党和国家加强社会主义民主政治建设的坚强决心。进入新世纪以来，党中央大力发展人民民主事业，不断推进国家治理体系和治理能力现代化，着力打造"民主中国"和"法治中国"。这为我国农村民主法治事业的发展提供了强劲的牵引力和驱动力。其二，随着我国现代化建设事业的推进，特别是城乡经济社会一体化进程的加快，广大农民的民主意识和法制意识进一步增强，越来越强烈地希望国家大力提升农村民主法治建设水平，更充分保障农民的民主权利。这种强大的民意必然会给农村民主法治建设以极大的推动。

同时，我们也要看到，我国农村民主法治建设还存在不少问题，要进一步推进农村民主法治建设，必须增强忧患意识，积极应对各种困难和挑战。农村民主法治建设中存在的具体问题多种多样，例如：城乡还未按相同人口比例选举人大代表，农民代表在县乡人大代表中的比例还不高，在全国人大代表中的比例更偏低；一些地方的村级民主选举受到家族势力、宗教势力或外国资本势力的干预和操纵；村民选举中贿选现象多发；因外出打工，不少农民对参与村庄民主选举的意愿不强；村级党组织和村民委员会的矛盾多发，一些地方村民自治运行失效，导致村庄公共事务和公益事业难以有效开展；一些乡镇政权和干部自身民主法治意识不强，不尊重农民对基层事务的民主参与权利等等。这些问题都需要高度重视，认真解决。但从根本上看，我国农村民主法治建设面临的挑战主要是如下一些深层次障碍。

首先，城乡二元结构和城乡差距依然存在，导致农村的民主法治建设环境不理想。城乡关系表面上看是经济关系，实际上也是一种深刻的政治关系。在建国后的工业化进程中，我国逐步形成和固化了城乡二元结构，城市和乡村被分裂为两个不同的利益单元和治理单元。在资源分配上城市的优势和乡村的劣势构成了鲜明对比。城乡分割不但形成了城市和乡村在经济社会发展上的巨大差距，而且阻碍着国家政治体制和政治文化上的一致和融合。农村经济上的落后往往导致政治文化的封闭和落后，使民主法治等现代政治意识的培育和发展充满困难。在当今中国，尽管城乡二元体制开始在弱化，但城乡居民的权利和发展机会依然严重不平等。这种长期的不平等不但对广大农民造成了制度化的不公平,而且也极大地束缚了农村的发展和整个国家经济社会的健康发展。从政治建设的角度看,这实际上也体现了城乡之间政治发展的严重失衡,表明我们的社会政治制度还没能真正有效地维护好广大农民的民主权益。与城市市民相比,广大农民的政治参与渠道和利益表达机制还很薄弱。如果这种情况长期得不到改变,必然会极大地削弱广大农民对社会主义制度的政治认同,使人们对社会主义国家的公平性产生质疑。而且,随着现代化进程的推进,这种不满还有可能激化城乡之间的矛盾和冲突,从而成为中国社会政治不稳定的最大根源。因此,在全面建成小康社会进程中,必须深刻认识和高度重视中国城乡之间的深层次矛盾,采取有效措施破除僵化的城乡二元体制,为城乡经济政治的协同发展创造坚实的社会制度基础。

其次,农村基层公共权力运行中存在着非规范化、非民主化的现象,严重危害着农村的民主和法治建设。我国农村民主法治建设无疑取得了很大成就,但是一些民众对这种成就却评价不高,究其原因,主要是在农村现实社会政治生活中,还存在着种种与民主法治背道而驰的现象。特别是一些农村基层政权组织权力运行的规范化、民主化和程序化的程度还不够;一些基层干部在民主作风、民主素质方面还存在严重缺陷,家长制、"一言堂"、压制民主、粗暴执法、官僚主义等现象依然严重存在。不少农村基层党政部门的"一把手"权力几乎不受约束,他们在基层公共权力的金字塔结构中是绝对的权威,往往说一不二、独断专行。不仅如此,在现实社会政治生活中，有的地方农村基层政权和村级基层组织严重退化，有的甚至还被地方黑恶势力侵入。农村基层政权和基层组织运行中的这些非规范化、非民主化甚至违法化的现象，严重损害着国家政权的民主形象。如果不改变这种状况，农村的民主法治建设很难顺利推进。

再次，农村基层民主建设中的偏斜化、形式化现象极大地破坏着人们的政治参与热情，损耗着中国基层民主发展的动力资源。自 20 世纪 90 年代以来，村民自治这一"草根民主"受到了国内外的普遍关注，不少人还把村民自治视为深入推进中国民主政治事业的突破口。但在村民自治制度的现实运行中，还存在着诸多令人担忧的现象，最大的弊端就在于很多地方的基层民主建设正朝着一种偏斜化、形式化的方向运转。主要表现就是在农村基层民主选举、民主决策、民主管理、民主监督这"四大民主"中，往往只偏重于民主选举。由于搞民主选举往往具有轰动效应，因而不少地方往往把选举工作搞得轰轰烈烈，但村民自治的其他环节则被严重忽略。其结果就是村级民主随选举工作的结束而自然中断，选举完成，民主过程也随之结束。在不少农民看来，自己拥有的民主权利，只不过是在几年中参加一次投票而已。在广大农村，尽管已经搞了多年的村民自治，不少地方的"海选"工作也搞得有声有色，但村级民主决策、民主管理和民主监督制度严重匮乏。不少农村村委会在村务中决策无程序，办事无规范，少数人垄断决策的现象十分严重。不少地方的村民自治事实上已变成了"村支书自治"、"村长自治"，而村务公开在很多地方也只成了一种摆设。此外，县和乡镇的人大组织本来应在城乡基层民主建设中发挥重要作用,但在现实的县和乡镇的公共权力结构中,不少地方基层人大往往处于边缘化地位。农村基层民主制度严肃性和权威性的严重弱化,动摇了不少民众对社会主义民主建设的信心,导致农村民主法治建设的群众基础和动力资源严重流失。

三、农村民主法治建设需要有大思路和大战略

在全面建成小康社会的进程中推进农村民主和法治建设,要以科学发展的眼光和城乡统筹的战略思维,进一步搞好农村民主法治建设的顶层设计,用城乡统筹发展的新思路和新对策来有效化解现实中出现的一些深层次矛盾,同时要在农村民主法治建设的实践中不断探索创新,扎实工作,持之以恒。惟其如此,我国农村民主法治建设才能克服困难,迈向更高的发展水平。

第一,农村民主法治建设要始终坚持党的领导、人民当家作主和依法治国的有机统一。这三者的有机统一是我国社会主义政治发展最根本的特点和要求。农村民主法治建设要不断发展,必须坚持住这个总的原则不动摇。农村民主法治建设的长期实践证明,只有坚持党的领导,才能不偏离正确方向,保持农村民主法治建设的社会主义性质;只有坚持保障农民群众在基层事务上当家作主,才能充分调动广大农民参与农村民主法治建设的积极性、主动性和创造性;只有贯彻依法治国的基本方略,依法治理农村公共事务,才能确保农村民主法治建设有序开展,有效防范以民主和法治名

义谋取私利的现象。党的领导、人民当家作主和依法治国三者决不能割裂开来甚至对立起来,也不能只是当作口号,而应有机地贯彻和统一于农村民主法治建设的具体实践过程中。在今后农村的民主法治建设过程中,要更加自觉地将党的领导贯穿于健全农村选举、民主决策、民主管理、民主监督的各项实践中,更充分地发挥各级党委、农村基层党组织的领导核心作用,确保民主法治建设的主导权掌握在各级党组织的手中。各级党的组织和干部也要不忘共产党致力于人民民主事业的初心,为推进农村民主法治建设奋力前行;要更加自觉地落实好法律法规赋予农民群众的各项民主权利,尊重农民群众的首创精神,及时总结和推广有利于农民当家作主的好经验和好做法;同时要更加自觉地完善保障农民民主权利的政策法规,进一步加大农村地区的法制宣传教育力度,有效增强农民群众的法制观念,坚决查处各种破坏农村基层民主法治建设的行为,坚决反对和制止利用宗教、宗族势力干预农村公共事务。只有这样,农村民主法治建设才能健康发展。

第二,积极破解城乡二元体制,推进城乡民主法治建设的协调发展。正如美国著名政治学家塞缪尔·P.亨廷顿所说的:"城乡区别就是社会最现代化部分和最传统部分的区别。处于现代化之中的社会里,政治的一个基本问题就是找到填补这一差距的方式,通过政治手段重新创造被现代化摧毁了的那种社会统一性。"①城乡二元体制导致了城乡之间

---

① [美]塞缪尔·P.亨廷顿:《变化社会中的政治秩序》,生活·读书·新知三联书店1989年版,第66—67页。

经济社会的发展不平衡,也形成了城乡之间的政治隔阂和文化差距。农村民主法治建设要有大的飞跃和进步,必须彻底破除城乡二元结构,推进城乡经济政治的协同发展,才能弥合城乡之间的政治裂痕。进入新世纪以来,党中央明确提出和大力推进城乡统筹发展的战略。党的十六大正式提出了统筹城乡经济社会发展的新理念,大力调整城乡关系,积极贯彻工业反哺农业、城市支持农村,实施工业与农业、城市与农村协调发展的科学发展战略。十六届五中全会则提出了建设社会主义新农村的重大历史任务。党的十七大明确提出要建立以工促农,以城带乡的长效机制,努力形成城乡一体化发展新格局。十七届三中全会正式提出了破除城乡二元体制的重要任务,并强调要在 2020 年基本建立城乡经济社会发展一体化的体制和机制。此外,党中央从 2006 年起彻底免除了农业税,而且从 2004 年起连续发布多个中央一号文件,加大了对农村发展的政策扶持力度和资源配置力度。这些都为我国彻底打破城乡二元体制,重构新型的城乡协调发展关系提供了正确的理论指导和有力的政策支撑,使广大民众对实现城乡一体化发展,实现城乡居民权利平等、城乡民主政治建设协同推进的美好前景充满了期待。当然,我们也要看到,城乡二元体制的改革牵扯到方方面面,涉及城乡各阶层之间的利益分配,改革起来并非易事。只有在党中央的正确领导下,以坚定的毅力和巨大的决心加大城乡经济政治体制改革力度,在以政策支农的同时,注重以民主和法治支农,认真落实宪法赋予给农民的各项权利,城乡居民之间的权利平等才能逐步实现,广大农民才会更加积极主动地参与中国社会主义民主法治事业。

第三,进一步加强农村社会主义法治工作,积极建设法治乡村。坚定不移地实施依法治国的基本方略,打造法治中国,是我国长治久安的重要保障。只有大力推进依法治国,加强农村基层民主政治建设的规范化和法制化,积极打造民主乡村和法治乡村,农民群众才能依法当家作主,成为农村建设和发展的合格主体,农村的基层民主事业才能持续健康发展。坚持依法治国的关键在于依法执政、依法行政、依法办事,公正司法。要在农村搞好依法执政,就要求广大农村党员和干部,特别是基层政权的领导干部,成为遵守宪法和法律的模范,依法依规行使公共权力,切实保障法律赋予农民的各项民主权利;要全面推进农村地区的依法行政和依法办事,必须深化基层行政体制改革,彻底改变农村基层干部中不少人本身就不懂法不守法的现象,努力把基层政府建设成为法治政府;要加强农村地区的司法公正,就需要积极推进农村基层司法体制改革,进一步健全权责明确、相互配合、相互制约、高效运行的农村基层司法体制,切实提高农村基层司法效率,强化对农村基层司法工作的监督,严惩基层司法领域的腐败,建立一支政治坚定、业务精通、作风优良、执法公正的高水平的农村基层司法队伍。只有这样,才能充分维护农村地区的社会公平正义,不断优化农村的政治、经济和文化秩序,使广大农民切实感受到民主和法律的力量。

第四,深入地批判封建残余意识,大力提高广大城乡民众的现代民主素养。农村基层民主法治建设中出现的不少问题,从思想根源上讲,主要是一些干部和群众头脑中封建思想浓厚,民主法治等现代政治观念淡薄的问题。尽管从辛亥革命时期和五四时期起,中国的先进分子就开始坚决地反对封建专制思想,但封建思想的残余却始终在中国城乡政治文化中占据很大空间。只要中国社会还带有很强的传统乡土社会性质,还没有真正实现经济的、社会的现代化,那么封建意识和小农思想就必然有其存在的土壤,就会对中国城乡的民主法治建设产生很强的阻滞作用。因此,中国城乡的民主法治建设进程必然是一个长期反对封建残余影响的思想改造过程。反对封建等级思想、宗族思想、官本位思想、特权思想、人治思想,以及小农式的狭隘意识、保守意识、散漫意识、自私意识和依附意识等落后观念,始终是我们在推进民主法治进程中必须开展的重要工作。在今天,要想铲除封建思想和小农思维,必须在大力发展社会生产力,推进城乡社会生产方式和生活方式现代化的基础上,高度重视城乡思想政治教育工作,加强对广大民众进行现代民主意识、法制意识、自主意识、平等意识以及爱国主义、集体主义和社会主义等核心价值的灌输和教育。这个工作绝非一日之功,需要不懈努力。只有在搞好物质文明建设的同时,始终高度关注精神文明建设,注重在城乡基层开展扎实的思想政治工作,使广大城乡民众彻底摆脱落后思想的束缚,在政治意识上实现从传统到现代的根本转变,中国社会主义民主建设才能拥有雄厚的群众基础和不竭的动力源泉。

第九章　农村富不富，还要看干部

——农村干部队伍建设刻不容缓

农村各级干部在农村经济社会发展中担负着宣传、组织、指挥、协调等多种职责，其素质高低直接影响着农村的发展水平和速度。随着时代的进步，国家政策的变化，农村干部由管理型向服务型转变，农村干部尤其是村干部的素质直接决定着服务的质量和乡村的发展，"农村富不富，还要看干部"说的就是这个道理。

一、农村全面建成小康社会关键在党，关键在人

2013 年 6 月 28 日，习近平总书记在出席全国组织会议时强调：面对复杂多变的国际形势和艰巨繁重的国内改革发展任务，实现十八大确定的各项目标任务，关键在党，关键在人。关键在党，就是要确保党在发展中国特色社会主义历史进程中始终成为坚强的领导核心；关键在人，就是要建设一支高素质的干部队伍。

（一）农村全面建成小康社会关键在党

中国共产党是中国工人阶级的先锋队，同时也是中国人民和中华民族的先锋队，是中国特色社会主义事业的领导核

心。回顾中国百余年历史,从鸦片战争开始沦为半殖民地半封建社会,到新中国成立中国人民从此站起来,再到上个世纪末进入小康并大步迈向中华民族的伟大复兴,中国翻天覆地的变化让我们得出一个基本结论:只有中国共产党才能领导中国人民取得民族独立、人民解放,也只有中国共产党才能开创中国特色社会主义道路,带领中国人民实现国家富强、民族振兴、人民幸福。

先进性和纯洁性是马克思主义政党的根本属性,是中国共产党能够成为全国各族人民的领导核心的根本原因。中国共产党是以马克思主义理论武装起来的,能够运用科学的世界观和方法论观察中国和世界,从实际出发制定、执行正确的路线,引导中国特色社会主义事业沿着正确的轨道前进;中国共产党以全心全意为人民服务作为唯一宗旨,没有自己私利,始终代表最广大人民的根本利益,能够同人民群众保持密切联系;中国共产党是人民群众中的先进分子组成的,按照民主集中制原则和严格的纪律组织起来的,具有很强的战斗力和凝聚力,这个政党有资格、有能力充当中国革命和建设事业的领导者。中国共产党成立近百年来不断追求先进性和纯洁性,不断加强自身建设,始终走在时代发展的前沿,赢得了广大人民群众的衷心拥护,带领人民不断从胜利走向新的胜利。其百年发展史让我们得出一个重要的结论:办好中国的事情关键在党。2020 年在农村全面建成小康社会,是中国共产党对中国农民也是对全国人民的庄严承诺,这一承诺能不能履行好,农村全面建成小康社会事业能不能取得胜利,关键在于这一伟大事业有没有坚强有力的领导;另一方面在于中国共产党能不能把自身建设好,真正起到坚强领导核心的作用。

(二) 农村全面建成小康社会关键在农村各级领导干部

政治路线确定之后,干部就是决定的因素。党的干部队伍建设在党的建设中具有极其重要的地位,二者有着密切的关系。中国特色社会主义事业需要中国共产党的领导,这是干部队伍建设的历史前提和依据;建设一支革命化、年轻化、知识化、专业化的高素质的干部队伍,是为了更好地实现中国共产党对社会主义现代化建设事业的领导,这是干部队伍建设的根本目的。党的干部是党的路线、方针、政策的制定者和执行者,是各项战略任务、发展目标的组织者,党的领导从根本上说要靠党的各级干部去实现。可以说,办好中国的事情,关键在党,但是搞好干部队伍建设是搞好党的建设的关键,两者遵循一个基本逻辑:把干部队伍建设好,才能把党建设好,中国的事情才能办好。

全面建成小康社会已经进入决胜阶段,中国农村处于重要战略机遇期,能不能抓住机遇、迎接挑战,关键在于农村各级领导干部有没有担当,有多大担当。有没有一大批始终坚持党的基本路线,敢想、敢做、敢担当的农村各级领导干部,很大程度上决定着农村全面建成小康社会的成败。只有农村各级干部拿出决胜的精神、决胜的姿态、决胜的干劲,加强组织领导、凝聚强大合力、狠抓责任落实,坚决贯彻落实中央及各相关部门的决策部署,才能如期完成全面建成小康社会的宏伟目标。

二、全面建成小康社会和农村基层干部

所谓农村基层干部,是指在从事农村生产的广大农民聚集的地方担任领导或管理工作的人员,其工作地点在基层农村,其领导和管理对象是广大农民群众,其主要组成是农村乡镇干部和村干部,其主体是农村广大党员。

(一) 农村基层干部在农村全面建成小康社会中的地位和作用

第一,乡村干部是地基中的钢筋。2014 年 3 月,习近平总书记在兰考与乡村干部座谈时指出,乡村处在贯彻执行党的路线方针政策的末端,是党执政大厦的地基,乡村干部是这个地基中的钢筋,位子不高但责任很大。这番话生动阐释了农村基层干部的重要地位和作用,农村基层干部是群众的"主心骨",犹如一根根置身于广大农民这片执政地基中的钢筋,有特殊而显著的作用,钢筋的质量如何,关系到党的建设的大厦是否牢固。目前来看,我们党工作的薄弱环节仍然在农村,矛盾和问题大多集中在农村,这里既是全面建成小康社会最艰巨最繁重的任务,同时也有最广泛最深厚的基础。广大农村基层干部长期身处党执政第一线、工作在农业生产第一线,是农村国情、党情、民情的"亲历者",他们能否勤勤恳恳、任劳任怨、恪尽职守、埋头苦干,决定了党在农村的执政地位是否巩固。只有农村干部坚强有力,始终保持蓬勃向上的朝气,才能充分体现出党的先进性,引领农村全面建成

小康社会正确航向。

第二,好政策需要一支强有力的农村基层干部队伍来贯彻落实。农村全面建成小康社会的任务在基层农村,要依靠农村广大基层干部带领群众扎扎实实、一步一个脚印地艰苦奋斗。实践证明,从宏观上讲,乡村两级干部队伍的形成及其组织能力、战斗能力,决定着能否带领一方百姓生产致富,建设美好家园。从微观上讲,一个村的发展,关键要看村党支部和村委会的凝聚力、战斗力;要看是否有一个既有一定思想政治觉悟和奉献精神,又有一定经济头脑、懂得一些市场规律的党支部书记和村委会主任来当好这个家。很多农村流传着这样的说法:"要想脱贫致富,必须有个好支部"、"给钱给物不如给个好干部"、"农民要致富,关键看干部"。农村基层干部在全面建成小康社会中扮演着双重角色,他们既是全面建成小康社会的参与者,又是组织者和指导者。农村基层干部是联系党和农民群众的桥梁和纽带,是党有关农村、农业、农民各项方针、政策的最直接的组织者,是农村全面建成小康社会的核心力量,担负着团结广大基层农民并带领广大农民群众实现全面建成小康社会的重要历史使命。广大农村干部在领导和组织广大农民群众参与全面建成小康社会实践的同时,也亲自参与其中,在全面建成小康社会广阔舞台上,充分展示和发挥才能、创造性工作,在实践中既提高了自身的素质和领导能力,也为农村带来更广阔的发展空间、拓展更丰富的内容、提升更高层次的水平。

第三,农村基层党组织是广大乡村干部发挥作用的战斗堡垒。截至2014年底,我们党有8700多万党员,430万个基层组织,它是按照民主集中制组织起来的一个有机统一的整体。民主集中制是我党巨大的组织优势,也是党强大凝聚力和战斗力的根本保障。在中国共产党内,按照民主集中制原则形成了党的中央机关、地方组织以及基层组织的完整组织系统,该组织系统将全体党员组织起来。作为农业大国,农村基层党组织占了全国党组织的绝大多数,截至2014年底,32700多个乡镇建立了党组织,57700多个建制村建立了党组织。农村基层党组织是党在农村全部工作和战斗力的基础,党的农村基层党组织是实现党在农村领导的组织基础。党中央有关农村改革发展的路线、方针、政策最终要靠农村基层党组织在基层贯彻落实;党的各级领导机关提出的各项有关农村建设发展的任务,最终也需农村基层党组织带领广大农民去完成;党要通过农村基层党组织对党员进行教育、监督和管理,从而巩固党在农村的执政基础;党要通过农村基层党组织对要求入党的农民群众中的积极分子进行教育和培养,及时将其中的优秀分子吸收入党。

"基础不牢,地动山摇"。把抓基层、打基础作为基本功,把加强农村干部队伍建设作为着力点,才能牵住农村工作的"牛鼻子",抓紧农村发展的"牵引线",筑牢农村改革稳定的"基石"。

(二) 全面建成小康社会对农村基层干部提出的新要求

党的十八届五中全会提出了决胜阶段全面建成小康社会原则的新遵循,目标的新要求和发展的新理念。新时期、新任务意味着农村基层干部肩负的任务更加繁重,要求更加严格,广大农民群众对党有了更多的期盼。

第一,提升服务意识。党的十八大明确提出建设服务型政党的目标,这是中国共产党在社会变革中正在完成的新转变,强调"服务"理念,凸显"把'人民'举过头顶"的执政观。党没有自己的特殊利益,其奋斗的一切,归根到底是为了人民。农村全面建成小康社会从根本上是为了农民谋利益、谋福祉的工程。广大农村基层干部需要强化宗旨意识、公仆意识,把农民放在心中最高位置,增进同广大农民的感情,以实现好、维护好、发展好广大农民的根本利益,把农民是否拥护、是否赞成、是否高兴,作为衡量农村工作的根本标准。随着农村综合改革的大力推进,国家、集体和农民的关系发生了重大的调节,农村基层干部和基层党组织需要转变工作职能,学会用经济、政策、法律等手段来开展工作、服务农民。但是目前一些地方农村基层党组织和干部仍习惯用简单粗暴、行政命令等"家长"式的工作方法,老百姓难以接受和真心认可;受市场经济负面效应的影响,观念扭曲、宗旨意识淡化,政治热情和前进动力逐渐丧失,影响了他们服务的热情,甚至导致脱离群众、干群关系紧张。对自身角色定位、服务宗旨的正确认识和执行,可以树立起党在广大农民群众中的崇高威信。广大农村干部要结合本地实际,探索服务型党组织建设的有效途径,如陕西省在村级组织开展的"三体三问"(即体察民情、体验民生、体会民意,问计于民、问政于民、问需于民)、"三问三解"(问政于民、问计于民、问需于民,解民忧、解民愁、解民困)就是这方面的有益尝试。

第二,提高政策水平和执行力度。"政策和策略是党的生命",政策是农村全面小康的根本保证。正确理解政策是科学执行政策的前提,农村各级干部应做好政策研究,吃准政策精神,讲出政策道理,向农民讲清楚涉农政策的目的和要求;要善于用党在农村的好政策凝聚人心,善于用政策推动全面建成小康社会工作,激发农民的积极性和创造性;及时与农民群众共同商讨落实政策的方法和途径,及时帮助农民解决执行中的困难和问题,并自觉接受农民的监督。乡镇截留农民征地补偿款和安置费、村干部截留农民粮食直补资金、村委会强行收回农民责任田等事件,这些本不该发生的事出现的原因就在于农村基层干部党性、政策观念不强。农村全面建成小康社会战略目标的实现最忌讳农村干部政策观念淡薄,对党的农村政策、法规知之甚少,甚至一无所知,处理问题想当然,将党的方针政策抛于脑后。

好政策关键在于落实。要完成全面建成小康社会、实现农业现代化的历史任务,农村各级干部必须不打折扣地贯彻落实党在农村的各项方针、政策以及各种行政法规,决不能以困难多、情况特殊等借口,不认真执行,更不允许以土政策、小政策对抗中央政策。农村工作错综复杂,落实中央政策常常会遇到这样那样的问题和阻力,只靠作报告、发文件有时很难解决问题,必须采取相应的组织措施和行政手段加以推动,尤其要扎扎实实做好落实工作的检查督促工作,务求各项政策落地生根。需要指出的是,在政策框架之内,从本地区、本部门的实际出发,及时把握农村发展方向,结合本地实际,做好结合文章,对相关政策进行合理的调节和处置。及时调整政策是必要的,否则可能会产生政策落后、疲软或者残缺等问题。

第三，提高创新能力。"问渠哪得清如许，为有源头活水来"，农村改革的源头活水来自基层，许多成功的创新都是在农村基层干部领导广大农民的实践中摸索创造出来的。例如红红火火开展起来的乡村旅游就是广大农村工作者和广大农民的伟大创造，既带动当地农民脱了贫致了富，完善了农村基础设施，改善了农村整体环境，又拓展了乡村发展的空间、保护了农村自然环境、传承了农耕文化，推动了农村经济社会全面发展。

中国共产党天然具有与时俱进的品质，从本质上说，全面建成小康社会就是进入新世纪中国共产党带领中国人民进行的中华民族伟大复兴实践的探索，是亘古未有过的大事件。这种复兴不是复古，不是回到老路上去，而是将中国农村引入一种全新的发展高度、发展状态、发展水平，是老祖宗没有走过的路。完成这一目标，广大乡村干部需要具有开拓创新精神。进入攻坚期、深水区的农村改革，新任务、新要求会逐渐增多，广大基层干部要研判新形势、直面新问题、采取新措施、推动新发展。只有依靠顶层设计和基层实践的良性互动，并允许广大农村基层干部有更大的自主空间，因地制宜大胆创新，才能为农村新一轮改革发展闯出新路；只有农村基层干部结合实际情况精准对接、大胆探索、大胆创新，中央"三农"改革措施才能真正落在实处；只有给广大农村基层干部留出足够的实践探索空间，才能激发他们的积极性和创造性，为深化农村改革、突破发展瓶颈贡献智慧。同时，应该正确处理好农村工作创新和严格执行中央政策的关系。任何创新都必须在政策和法律的范围内实行，都要利于中央各项政策更好地贯彻执行。

第四，转变工作作风。重视作风建设是中国共产党的优良传统，转变工作作风是全面建成小康社会任务的具体要求，也是人民群众的殷切期盼。首先，继续发扬密切联系群众的作风。在全面建成小康社会实践中，广大农村基层干部应该做到凡事要和农民商量，广泛征求农民意愿，而不能代替农民思考和决定，更不能搞强迫命令。农村有农村的特色，农民有农民的差异化需求，农民对自己家乡建设最有发言权，那些不搞调查、千村一面、好大喜功、强力推行的做法，最让农民讨厌、最让农民伤心。尊重农民意愿，就是让农民真正参与到全面建成小康社会的整个过程，切实保障他们的知情权、参与权、决策权、管理权、监督权，调动他们的积极性。农村经济社会发展和民生最突出的矛盾和问题在基层，农村基层领导干部办事情处理问题要深入实际、深入群众，多做调查研究，才能对症下药。其次，要有敢于啃硬骨头的精神。经过改革开放以来三十多年的发展，农村问题剩下的多半是难啃的"硬骨头"，这就要求农村基层干部充分发扬咬住青山不放松的精神，拿出敢于硬碰硬的勇气，既大胆冲破思想观念的障碍，又能突破农村利益固化的藩篱，鼓励大胆探索，勇于开拓创新。再次，努力提高学习能力。打铁还需自身硬，学习能力不足是部分农村基层干部的一大危险。有些农村基层干部忙于工作应酬，不愿学、不想学、不能静心学，势必会导致领导能力不足、穷于应付。广大农村党员干部要向书本、向群众、向实践学习，不断提高学习能力和领导水平,把学习当成一种习惯、一种理念融入思想,作为一种动力融入全面建成小康社会的工作实践,作为一种追求融入人生。

三、别拿"村长"不当干部

村官是人们对村级干部的一种称谓,他们虽不是公务员,但其所处的地位和担负的责任却不可替代。

(一) 村级干部的特殊身份和作用

村级干部不是官,但是由于村级干部的特殊地位,使其在一定范围内具有支配农村社会资源的权力,赋予了其官的实质性涵义。一方面,村民普遍把他们当官来看待,他们的一言一行,不仅代表着党和政府的形象,更影响着党和政府在群众中的威信。对广大农民来说,基层是最有说服力的参照系,一个好干部可以点亮整个村庄,而农民对腐败问题的认识,也来自"一顿饭一头牛,屁股坐着一座楼"的见闻。另一方面,村官担负着最基层的领导责任。上管天文地理,下管鸡毛蒜皮,党的路线、方针政策的宣传、贯彻落实,人民群众纠纷的调解,村干部都要管。"两眼一睁,忙到熄灯",每天都有忙不完的工作。村官虽小,责任却大,管得也宽。法律管得到的要管理,管不到的更要管。农村是一个复杂的社会系统,典型的熟人社会,讲关系、论人情,且交织不同姓氏、宗族之间的多元关系,很多乡镇干部有这样的体会,当得了乡长、镇长,不一定当得好"村长"。村级干部主要来自于农民,他们和农民有着共同的生产生活方式和思想认识,因而能够充分体现和表达农民的要求,赢得农民的信任;他们和广大农民一起生活在农村这块热土,而不是凌驾于农民之上;他们能够用农民熟悉的话语传达全面建成小康社会的各项方针政策,所以,他们也只有他们能够将最广大农民最大限度、最高程度、最全范围地整合到全面建成小康社会的实践中。

"火车跑得快,全靠车头带"。党和国家方针政策的贯彻落实,离不开他们,带领群众共同致富,离不开他们,农村全面建成小康社会更离不开他们。村干部的能力和水平的高低与农村经济社会的发展息息相关。实践证明,村干部综合素质强,则村强民富,村干部综合素质低,则村弱民穷。华西村、刘庄村、三房巷村等之所以几十年经久不衰,关键是有"村支书的榜样"吴仁宝、史来贺、卞兴才这样的好带头人。这些村支书长期扎根基层,有丰富的工作经验,很强的开拓创新精神和兴村富民的好路子,得到了组织的充分认可和群众的广泛拥护。这些带头人,是基层领导班子的主心骨,直接关系到基层组织强不强;是党员队伍的排头兵,直接关系到党的形象好不好;是发展经济的领头雁,直接关系到农民群众富不富;是村务管理的当家人,直接关系到农村社会稳不稳。在他们身上,不仅充分体现了共产党员的优良品格,而且体现了懂政治、善经营、讲奉献的时代特征。在全面建成小康社会实践中,还要有一个好的党支部,一个好的村委会,形成一个好的领导班子,只有村党支部和村委会坚强有力,才能更好地发挥领导班子的凝聚力、号召力、向心力;才能带出一个富裕村,兴一方百姓,把领导班子真正建设成为优势互补、能力配套、结构合理、团结奋斗的集体。在抓好村级干部队伍建设的同时,要带好村级党员队伍。要按照全面建成小康社会的总要求,大力提高村级党员的科学文化素质,使他们掌握一技之长,增强"自富带富"本领,使其真正成为推动农村生产力发展,带领群众致富的模范。

同时,村官也面临着一些困境。一方面,村干部经常处于两难境地。他们面对的是国民素质较低的农民群体,管理难度大、责任大,但是手段弱。一些村干部深有感触:完不成硬性任务上级不"饶"你,不给群众办实事,老百姓会"骂"你,一旦违背农民利益,群众会"告"你。村干部是农村政治、经济、文化、社会等各项事业的全面推动者、管理者,既奋斗在农业生产第一线,又奋斗在农村管理第一线,工作繁重而具体,琐碎又细致;村干部的报酬相对较低,甚至比不上农村普通工匠;缺少晋升的空间和途径,政治上没有盼头,退下来经济上也没有保障;农民素质参差不齐,部分农民觉悟不高,对村干部不尊重、不支持、不理解,导致奋战在矛盾汇集焦点的干部,吃力不讨好。这种"责任大、权力小、待遇低"的不合理局面,客观上造成了村干部岗位上越来越留不住人,农村后备干部后继乏人。

(二) 大学生村官为村级干部队伍建设增添活力

第一,从雏鹰工程到中央战略决策。1995 年一个被称为"雏鹰工程"的人才计划在江苏省徐州市丰县实施。首批 13 名应届大学毕业生被选聘入村任职,成为中国历史上第一批大学生村官,探索了一条经济欠发达地区选拔优秀干部、发展农村经济的成功之路。此后大学生村官工作在农村自发探索,到 2004 年有 10 个省区市启动了选派大学生到村任职的工作。2008 年中共中央组织部、教育部、财政部、人力资源和社会保障部联合印发了《关于选聘高校毕业生到村任职工作的意见(试行)》,对选聘数量和名额分配,选聘对象、条件和程序、待遇和保障政策等有了具体的要求。为加强和改进选聘高校毕业生到村任职工作,确保大学生村官下得去、待得住、干得好、流得动,2009 年 4 月,中共中央组织部、中共中央宣传部等相关部门联合印发了《关于建立选聘高校毕业生到村任职工作长效机制的意见》。从 2010 年开始全国每年都有一批大学生村官服务期满,为了引导大学生村官期满后有序流动,保证该工作健康持续发展,建立健全大学生村官的有序流动机制,同年 5 月,中共中央组织部、中共中央宣传部等有关部门联合印发了《关于做好大学生"村官"有序流动工作的意见》,提出了留村任职工作、考录公务员、自主创业发展、另行择业、继续学习深造等五条有序流动出路。大学生村官工作是十七大以来党中央作出的一项重大战略决策,其主要目的是培养大批社会主义新农村建设骨干、党政干部后备人才以及各行各业优秀人才。2014 年 5 月 30 日召开的全国大学生村官工作座谈会进一步明确了大学生村官工作的定位:即"两个着眼于",一是着眼于"培养了解国情、熟悉基层、心贴群众、实践经验丰富的干部、人才",二是着眼于"增强基层组织建设、促农村发展、让农民受益"。迎着农村青年进城打工的热潮,一批批大学生走向田野,当上了"村官"。

　　第二，大学生村官是全面建成小康社会的生力军。全面建成小康社会的目标既是立足当前农村现实的具体工作，也是面向未来承接中华民族伟大复兴的伟大事业，需要有大批拥有先进思想和创新意识、掌握丰富科学文化知识、充满活力和朝气、拥有伟大理想抱负和建功立业情怀的优秀青年接续奋斗。大学生村官计划实施以来，这些充满理想、满怀激情、散发活力的青年学子走进田间地头和农民一起努力建设美好农村，他们充分利用自己的所学和特长，全心服务农民、建设农村：有的当起了技术员，带领农民引进先进技术发家致富；有的搭建现代化信息平台，突破农村传统发展模式；有的担任"农民律师"，拿起法律武器维护农民权益等等。他们的出色表现赢得了基层干部群众的一致肯定和高度赞誉，给农村致富发展带来了新的希望。截至 2015 年底，全国参与创业富民的大学生村官达到 1.5 万人，共领班创办专业合作社 2686 个，开展致富项目 1.1 万个，创造了 15.2 万个农民就业岗位，大学生村官逐渐成为当地农村建设的骨干力量，群众亲切地称之为"咱们的领头人"。大批经受了基层特别是农村艰苦环境锻炼、和农民群众建立了深厚感情的后备干部人才，充实了村级干部队伍，保证农村改革、发展事业薪火相传，后继有人。截至 2015 年底，6.7 万名大学生村官进入村"两委"班子，有 5748 人担任村党支部书记，1667 人担任村委会主任，显著改善了村级干部队伍结构，提高了村级干部专业化、知识化、年轻化水平。农村是"熟人社会"，宗派、家庭等观念比较严重，而大学生村官不牵扯这些关系，且受过系统的理论教育，其知识水平、年龄结构都有利于强化农村基层组织队伍,增强村级党组织的战斗力。大学生到农村去、到最需要的地方去,这既是时代的呼唤、农民的期盼,也是党对当代大学生的殷切期望。"回农村是为了改变农村"的魏华伟,"先当村民,再当村官"的张广秀,领导乡亲们在黑土地上创造奇迹的王淑媛,"坚持从小事做起,勇于向困难挑战"的石磊,带领群众"山上种树,林下养殖,发家致富"的邢镭,"扎根基层,无悔青春"的周晓琳等等,他们在村官岗位上各显其能、大展宏图,为知识贫乏的农村带去了创富的智慧,又在农村的特有环境中完成自我的重塑,抒写了最美的青春奋斗史,为鼓励大学生面向基层就业起到了表率作用。

当然,大学生村官工作开展仅十余年的时间,发展过程中不可避免的出现这样那样的问题,如大学生村官"非官非民"的身份如何融入农村基层干部体系的问题,大学生村官自身能力经验不足的问题,考核保障机制不健全的问题,大学生村官期满流动的五条出路如何细化的问题等等。但我们相信这是发展探索中的问题,理应靠不断发展大学生村官工作来解决。

四、多措并举强化农村基层干部队伍建设

决胜全面建成小康社会的攻坚阶段,农村基层党组织和农村基层干部工作只能加强不能削弱。

(一)坚持标准选对人

"为政之要,惟在得人",选人用人问题是全面建成小康

社会的关键性问题。党的十七届四中全会明确指出选拔任用干部要坚持"德才兼备、以德为先"的用人标准。德是才的统帅，是干部安身立命、成就事业的根本，决定着才发挥的方向；才是德的支撑，由德来统帅，影响着德发挥作用的范围。一个人如果德行不好，即使能力很强，也很难成为一个好干部，甚至能力越强，其负面作用越大。对农业、农民和农村有没有感情是农村基层干部心里是否装有群众的基本尺码，也是基本德行。以德为先不是不重视才，一个有德但是无才的人虽然可能兢兢业业、全心付出，却很难在历史机遇中把握机会，不堪委以重任，难有大的作为。德才兼备的要求是具体的、历史的，习近平总书记用 15 个字概括了新时代好干部的五项具体要求：信念坚定、为民服务、勤政务实、敢于担当、清正廉洁，突出了好干部标准的时代内涵。选拔使用干部既要坚持德才兼备、以德为先，又要创新选才条件，不拘一格。既重视选拔本土干部，又要打破乡村界限，拓宽选才渠道；既要坚持传统选人方法，又要大胆创新，形成科学规范的荐才机制。

明确了好干部的标准之后，还要做到知人善任。组织人事部门在选拔考察干部时要走群众路线。俗话说"群众的眼睛是雪亮的"，群众对党支部和党员干部的作用和工作情况，心里自有"一杆秤"，干部的优劣和功过，百姓对他们最了解、最知底，也最有发言权。只有充分相信和依靠群众，向他们了解农村各级干部的德才情况，才能对各级干部的工作做出科学判断，用好党员干部的标准联系农村各级干部的工作的实际情况，真正把人选准选好。在具体工作方法上，坚持民主推进、民主测评、个别座谈传统方法识别了解干部的同时，应该发扬深入细致的工作作风，全面了解干部情况：既看在现岗位的表现，也了解在原岗位表现；既要向上级和同事了解，也要向下级和群众了解；既要听取多数人的意见，又要倾听少数知情人意见；既考察八小时之内，也考察八小时之外。只有这样才能真正把好干部发掘出来、培养起来，在全面建成小康社会中发挥他们的才能，做到人尽其才。

（二）坚持党要管党、从严治党，提高干部领导能力

农村各级干部的思想道德素质和领导能力直接影响农村的全面发展，其素质高低不仅决定党的政策在基层的落实和党在农民中的形象，更与农村全面建成小康社会的目标直接相关。第一，坚持党要管党、从严治党。党要管党，就是要管好作风，从严治党就要严在作风上。作风问题无小事，如果不坚决纠正，就会将党和群众隔开，使之失去根基、失去血脉、失去力量。据统计，从 2015 年 7 月到 12 月，中纪委通报的"四风"和腐败的 860 起问题中，涉及人员超过 1040 人，而科级和科级以下干部 390 人，村干部超过 630 人，群众身边的"蝇腐"绝大多数是乡科级和更为基层的干部。2016 年 1 月 12 日，习近平总书记在中国共产党第十八届中央纪律委员会第六次会议上提出"推动全面从严治党向基层延伸"。十八大以来中央政治局颁布实施了八项规定，部署开展党的群众路线教育实践活动，"两学一做"学习教育等，全党精神大振、面貌为之一新。第二，加强教育培训。任何人的领导能力和工作水平都不是天生就有的，而是在长期的学习和工

作实践中积累总结出来的。农村基层干部要注重学习、加强读书，提高政治和业务素质，提高党在基层的执行力。通过系统的理论学习做到解放思想、观念更新，增强带头致富能力，树立正确的发展观；加强常规的培训工作，开展现代农业科技、法律知识、农村实用技术等培训工程，全方位、多角度地加强农村基层干部培训工作，提高他们发展经济的能力和管理水平。除了有能力还要有农村工作的热情。农村基层干部要在学习中提高政治觉悟，树立农村全面建成小康社会的信心和勇气，增强带领农民改变农村面貌，提高农民生活的责任感。

（三）坚持以人为本由仅靠觉悟向靠全面激励转变

民心是最大的政治，农村基层干部获得老百姓的广泛认同是筑牢执政之基的根本，同样，以人为本，凝聚广大农村基层干部的心也是农村基层组织人事工作的基本价值取向。农村基层干部既是为百姓"打工"，也是"打工"的百姓。在社会主义市场经济条件下如果只要求他们为农村工作鞠躬尽瘁，而不考虑他们的物质待遇和生活上的困难，是不现实的。他们和普通人一样上有老、下有小，他们一样希望能够照顾家庭、教育子女、身体健康，追求相对优越的生活和工作条件，这些要求是不应该被忽视的人之常情。如果连他们的基本家庭生活都难以保障，让他们扎根基层、珍惜岗位、安心工作是困难的。尤其一线农村干部直接与各个层次的农民打交道，工作环境差，非常辛苦。做好农村基层干部队伍工作，需要适度提高他们的待遇，使其付出和收入尽量一致起来。

要有改善他们生活工作环境、提高收入的意向和具体措施，政治上爱护、生活上关心基层干部，从一点一滴做起，让那些有农村情怀、植根农村、了解农村、脚踏实地的农村基层干部生活有盼头、工作有奔头，对实现全面建成小康社会的目标具有重大意义。

(四) 开列权力清单保证基层权力正常运行

乡村治理具有综合性、多样性和复杂性的特点，乡村干部工作被形象的描述为"上面千条线，下面一根针"，他们承接的不仅包括上级任务，而且要应对突发性事件，更包括与农民生产生活相关的多如牛毛、五花八门的琐事。在农村"有困难找政府"的政治文化影响下，基层政府肩负着回应老百姓合理诉求的责任，将百姓的小事化解在基层。这些小事对每一位农民来讲却是大事，如果解决的好，老百姓就可以在日常生活中体验到党和政府的温暖，否则小事可能日渐积累起百姓怨气，小事拖成大事，威胁农村社会安定团结。乡村干部就像一根针，既要穿起上面千条线，又要将百姓小事摆平理顺，所以他们也被称为"多面手"。在事、权不对等的现实面前，广大农村基层干部疲于应付，乡镇党委和政府事实上成了一个全能型组织。

2015年3月，中共中央办公厅、国务院办公厅印发了《关于推行地方各级政府工作部门权力清单制度的指导意见》，为农村基层干部的职责清单提供了行动指南。根据农村工作实际，农村基层组织的定位和分工，明确农村基层干部的权力边界，给农村基层干部制定明确具体的职责清单，明确规定农村基层各级干部哪些不该做，哪些该做，该怎么做，绘制职能机构办事流程，规范基层干部手中权力运行。同时强化监督，确保农村事务程序到位，基层干部积极履职。只有这样，农村各级党组织和基层干部才能从千头万绪的事务当中摆脱出来，提高工作效率和群众满意度。

（五）农村基层干部工作要围绕全面建成小康社会进行

农村基层党组织和干部队伍建设的着力点是围绕中心工作发挥作用，如果偏离农村工作的中心任务，党建不仅抓不好，而且会偏离支部建设方向。因此，农村基层党组织和干部队伍建设要围绕农村全面建成小康社会目标来进行，并用全面建成小康社会的成果来检验。加强农村基层党组织和干部队伍建设既是推动全面建成小康社会的需要，也是全面建成小康社会的内容和要求之一，包含了新时期把党的建设伟大工程推向前进的要求。协调推进全面建成小康社会、全面深化改革、全面推进依法治国、全面从严治党背景下，农村基层党组织肩负的任务更加繁重，对农村基层干部提出了新的要求。开展基层干部培育工作，本质是为了提高农村干部的组织领导能力，推动全面建成小康社会走向更高的发展水平。高度重视和善于总结经验是中国共产党的一大特点和优势，在全面建成小康社会中只有及时联系农村基层干部的思想和工作实际，对比全面建成小康社会的要求进行反思，找到二者之间的差距，明确努力方向，增强服务意识和加快农村发展的责任感，增强全面贯彻落实党的路线方针政策的自觉性、能动性，农村的全面小康才能落地生根，党的基层党组织和干部队伍建设也才能在实践中加强。

"得民心者得天下",人民永远是最为深厚的政治资源。只有厚植治理根基,锻造"地基中的钢筋",建设过硬的农村基层党组织和干部队伍,农村全面建成小康社会才会有生生不息的前进动力。

后　记

　　全面建成小康社会的重点和难点在农村，农村社会的主体是农民。我们党历来高度重视农民问题，始终将其作为中国革命、建设和改革的根本问题，从而赢得了革命、建设和改革的主动权。在新的历史条件下，从全面建成小康社会的战略高度出发，正确认识、解决农民问题，研究全面建成小康社会中的农民问题，是极具现实意义的重大课题。

　　课题组全体成员在多年深入研究"三农"问题的理论和实践基础上，热心于本课题研究，投入大量时间和精力，集思广益，通力合作，使本书得以面世。虽然尚存在不足乃至诸多缺点，但是呈现出了令我们心悦和感慨的研究成果。

　　具体分工如下：

　　张学凤（长春大学马克思主义学院）撰写第一、二、三、七、九章

　　曹冬梅（吉林大学马克思主义学院）撰写第四、五章

　　陈前（东北师范大学政法学院）撰写第六、八章

　　吴敏先（东北师范大学政法学院）负责全书设计、章节架构、书稿修改、定稿结项

　　在此，对关心、帮助我们的专家学者、同仁朋友，对我们得以借鉴和参考其作品的作者，表示深深的谢忱，由衷的致

敬。书出版了，其中的成果和问题，同时摆在读者面前。热切希望得到同行和读者的批评指教。

吴敏先

2016 年 10 月

教育部哲学社会科学研究普及读物书目
（有＊者为已出书目）

2012 年度

《马克思主义大众化解析》 陈占安

＊《马克思告诉了我们什么》 陈锡喜

《为什么我们还需要马克思主义——回答关于马克思主义的 10 个疑问》
　　陈学明

《党的建设科学化》 丁俊萍

＊《〈实践论〉浅释》 陶德麟

《大学生理论热点面对面》 韩振峰

＊《大学生诚信读本》 黄蓉生

《改变世界的哲学——历史唯物主义新释》 王南湜

《哲学与人生——哲学就在你身边》 杨耕

＊《人的精神家园》 孙正聿

＊《社会主义现代化读本》 洪银兴

《中国特色社会主义简明读本》 秦宣

《中国工业化历程简明读本》 温铁军

《中国经济还能再来 30 年快速增长吗》 黄泰岩

《如何读懂中国经济指标》 殷德生

＊《经济低碳化》 厉以宁 傅帅雄 尹俊

《图解中国市场》 马龙龙

＊《文化产业精要读本》 蔡尚伟 车南林

＊《税收那些事儿》 谷成

＊《汇率原理与人民币汇率读本》 姜波克

＊《辉煌的中华法制文明》 张晋藩 陈煜

＊《读懂刑事诉讼法》 陈光中

＊《数说经济与社会》 袁卫 刘超

＊《品味社会学》 郑杭生等

＊《法律经济学趣谈》 史晋川

《知识产权通识读本》 吴汉东

《文化中国》 杨海文

＊《中国优秀礼仪文化》 李荣建

＊《中国管理智慧》 苏勇　刘会齐

＊《社交网络时代的舆情管理》 喻国明　李彪

＊《中国外交十难题》 王逸舟

＊《中华优秀传统文化的核心理念》 张岂之

＊《敦煌文化》 项楚

＊《秘境探古——西藏文物考古新发现之旅》 霍巍

《民族精神——文化的基因和民族的灵魂》 欧阳康

《共和国文学的经典记忆》 张文东

＊《中国传统政治文化讲录》 徐大同

＊《诗意人生》 莫砺锋

《当代中国文化诊断》 俞吾金

＊《汉字史画》 谢思全

＊《"四大奇书"话题》 陈洪

＊《生活中的生态文明》 张劲松

《什么是科学》 吴国盛

＊《中国强——我们必须做的100件小事》 王会

＊《我们的家园:环境美学谈》 陈望衡

《谈谈审美活动》 童庆炳

《快乐阅读》 沈德立

《让学习伴随终身》 郝克明

《与青少年谈幸福成长》 韩震

＊《教育与人生》 顾明远

＊《师魂——教师大计师德为本》 林崇德

《现代终身教育理论与中国教育发展》 潘懋元

＊《我们离教育强国有多远》 袁振国

《通俗教育经济学》 范先佐

《任重道远:中国高等教育发展之路》 李元元

2013 年度

《中国国情读本》 胡鞍钢

＊《法律解释学读本》 王利明　王叶刚

＊《中国特色社会主义经济学读本》 顾海良

＊《走向社会主义市场经济》 逄锦聚　何自力

*《中国特色政治发展道路》 梅荣政 孙金华

《什么是科学的经济发展——基本理论与中国经验》 谭崇台

*《"中国腾飞"探源》 洪远朋等

*《社会主义核心价值观的"内省"与"外化"》 黄进

《什么是马克思主义,怎样对待马克思主义——马克思主义观纵横谈》
    高奇

《中国特色社会主义"五位一体"总布局研究》 郭建宁

*《国际社会保障全景图》 丛树海 郑春荣

《社会保障理论与政策解析》 郑功成

《从封建到现代——五百年西方政治形态变迁》 钱乘旦

《GDP 的科学性和实际价值在哪里》 赵彦云

《社会学通识教育读本》 李强

《传情和达意——语言怎样表达意义》 沈阳

《生活质量研究读本》 周长城

*《做幸福进取者》 黄希庭 尹天子

《外国文学经典中的人生智慧》 刘建军

《什么样的教育能让人民满意》 石中英

《正说科举》 刘海峰

2014 年度

《"中国梦"的民族特点和世界意义》 孙利天

《"中国梦"与软实力》 骆郁廷

《走进世纪伟人毛泽东的哲学王国》 周向军

《社会主义核心价值观与我们的生活》 吴向东

*《中国反腐败新观察》 赵秉志 彭新林

《中国居民消费——阐释、现实、展望》 王裕国

《从公司治理到国家治理》 李维安

《"阿拉伯革命"的热点追踪》 朱威烈

《中国制造的全球布局》 刘元春

《从小康走向富裕》 黄卫平

《中国人口老龄化与老龄问题》 杜鹏

《重塑中国经济版图:区域发展战略与区域协同发展》 周立群

《钓鱼岛归属真相——谎言揭秘(以证据链的图为主)》 刘江永

《走入诚信社会》 阎孟伟

*《美国霸权版"中国威胁"谰言的前世与今生》 陈安

《如何认识藏族及其文化》 石硕

*《中国故事的文化软实力》 王一川等

《文化遗产的古与今》 高策

《课堂的革命》 钟启泉
《大学的常识》 邬大光
《识字与写字》 王宁

2015 年度
《我们为什么需要历史唯物主义》 郝立新
　*《全面建成小康社会中的农民问题》 吴敏先等
《法治政府建设的基本原理与中国实践》 朱新力
《走向全面小康的民生幸福路》 韩喜平
《我们时代的精神生活》 庞立生
《习近平话语体系风格读本》 凌继尧
《为什么南海诸岛礁确实是我们的国土?》 傅崐成
《生活在"网络社会"》 陈昌凤
《中国古代发达的农业和农业文明》 贺耀敏
《你不能不知道的刑法知识》 王世洲
《从安纳伯格庄园到中南海瀛台——构建中美新型大国关系的故事》 倪世雄
《如何提高创新创业能力》 赖德胜
《身边的数据会说话》 丁迈
《中国与联合国》 张贵洪
《中国特色的佛教文化》 洪修平
《敦煌与丝绸之路文明》 郑炳林
《艺术与数学》 蔡天新
《走近档案》 冯惠玲
《中华传统文明礼仪读本》 王小锡
《重建中国当代伦理文明与家教门风》 于丹
　*《文化兴国的欧洲经验》 朱孝远
《中国人民伟大的抗日战争》 陈红民
《心理学纵横谈》 彭聃龄
《教育振兴从校园体育开始》 王健
《核心素养:教育领域综合改革的方向》 靳玉乐

图书在版编目(CIP)数据

全面建成小康社会中的农民问题/吴敏先等著. --
南京：江苏人民出版社，2017.6
ISBN 978-7-214-20687-9

Ⅰ.①全… Ⅱ.①吴… Ⅲ.①农民问题-研究-中国
Ⅳ.①D422.6

中国版本图书馆 CIP 数据核字(2017)第 113610 号

书　　　名	全面建成小康社会中的农民问题	
著　　　者	吴敏先 等	
责 任 编 辑	卞清波	
责 任 监 制	王列丹	
装 帧 设 计	刘葶葶	
出 版 发 行	江苏人民出版社	
	江苏凤凰美术出版社	
出版社地址	南京市湖南路 1 号 A 楼,邮编:210009	
出版社网址	http://www.jspph.com	
照　　　排	江苏凤凰制版有限公司	
印　　　刷	江苏凤凰通达印刷有限公司	
开　　　本	890 毫米×1 240 毫米　1/32	
印　　　张	5.625　插页 1	
字　　　数	108 千字	
版　　　次	2017 年 6 月第 1 版　2017 年 6 月第 1 次印刷	
标 准 书 号	ISBN 978-7-214-20687-9	
定　　　价	24.00 元	

（江苏人民出版社图书凡印装错误可向承印厂调换）